Aprende a Desarrollar Videojuegos

Ángel Arias

ISBN: 978-1496124326

TABLA DE CONTENIDOS

Nota del Autor

Esta publicación está destinada a proporcionar el material útil e informativo. Esta publicación no tiene la intención de conseguir que usted sea un maestro de las bases de datos, sino que consiga obtener un amplio conocimiento general de las bases de datos para que cuando tenga que tratar con estas, usted ya pueda conocer los conceptos y el funcionamiento de las mismas. No me hago responsable de los daños que puedan ocasionar el mal uso del código fuente y de la información que se muestra en este libro, siendo el único objetivo de este, la información y el estudio de las bases de datos en el ámbito informático. Antes de realizar ninguna prueba en un entorno real o de producción, realice las pertinentes pruebas en un entorno Beta o de prueba.

El autor y editor niegan específicamente toda responsabilidad por cualquier responsabilidad, pérdida, o riesgo, personal o de otra manera, en que se incurre como consecuencia, directa o indirectamente, del uso o aplicación de cualesquiera contenidos de este libro.

Todas y todos los nombres de productos mencionados en este libro son marcas comerciales de sus respectivos propietarios. Ninguno de estos propietarios ha patrocinado el presente libro.

Procure leer siempre toda la documentación proporcionada por los fabricantes de software usar sus propios códigos fuente. El autor y el editor no se hacen responsables de las reclamaciones realizadas por los fabricantes.

Introducción

El avance tecnológico y la expansión de la información disponible han cooperado con los desarrollos en el mundo del desarrollo de videojuegos. El campo de los juegos electrónicos está creciendo cada vez más. Uno puede encontrarlos hoy en día en diversos dispositivos: ordenadores personales, consolas y dispositivos móviles.

Los juegos electrónicos tienen muchos géneros: estrategia, simulación, aventura, deportes, RPG, hobbies, educación, entre otros. Debido a su gran capacidad para llegar a diversos públicos, los juegos se han convertido en grandes instrumento de entretenimiento, que ofrecen horas de diversión y desafío.

El desarrollo del juego no es una tarea trivial: ya que requiere una atención especial, ya que es un software bastante complejo que cubre varias áreas de computación, tales como la programación, el diseño, la creación de redes, la infografía, la inteligencia artificial, o el sonidos entre otros. Sin embargo, las nuevas herramientas y métodos han facilitado el desarrollo de desarrollo de juegos, por ejemplo, con herramientas como Ogre3D, Unity y XNA.

Según Perucia (2005), el desarrollo del diseño de un juego sigue las reglas y parámetros de desarrollo de cualquier juego, sin embargo, la gran diferencia está en la fase inicial de la creatividad. El ciclo de desarrollo de un juego se divide en algunas medidas como: Lluvia de ideas, Diseño del juego, Documentación del Diseño (DD), Nivel de diseño y Creación y Desarrollo.

Teoría de los Videojuegos

Estructura de un juego

La Teoría de los Juegos es un conjunto de estudios que busca comprender la interacción entre los agentes de toma de decisiones en la teoría de juegos, un juego es una representación simplificada de la interacción entre los tomadores de decisiones, llamados jugadores, en el que al menos uno de estos actores tiene decisiones con el fin de maximizar la utilidad de sus acciones, teniendo en cuenta las acciones de los otros jugadores. Los agentes no necesitan ser individuos humanos. Los jugadores pueden agruparse en cuatro grandes grupos: los agentes humanos, agentes no humanos, y organizaciones de agentes-no humanos. En este contenido, los términos agentes y jugadores se pueden utilizar indistintamente.

Un juego es una descripción formal de una situación estratégica interactiva, con reglas explícitas (es decir, establecidas y formalizadas entre los jugadores) e implícitas (es decir, las reglas de manera informal, se crearon principalmente a partir de las relaciones de interacción), restringen el tipo de actividades de los jugadores, los jugadores que participan en el proceso que requiere llevar a cabo un objetivo esperado, asumen que el agente tiene un sentido de la raciocinio estratégico mínimo de jugador. Un jugador se considera racional si está motivado para maximizar su ganancia (utilidad) y calcular los resultados de cada acción. En consecuencia, el concepto se puede extender a los seres humanos. Por la teoría evolutiva de los juegos, la caracterización de la racionalidad de un jugador, no depende de su entorno físico o mental, sino de su capacidad para seguir un enfoque estratégico, heredado o adquirido por la experiencia y por las reglas de aprendizaje. Los seres humanos son diferentes sólo en la capacidad de predecir eventos futuros a largo plazo, con una mayor capacidad de cambio permanecerá ligado a la acción actual de los fenómenos de estímulo-respuesta.

El juego es una abstracción de una interacción real, y su forma genérica se compone de los siguientes elementos:

Quienes toman las decisiones o jugadores: en general, un juego tiene dos o más jugadores, no hay restricciones para la aceptación de un número virtualmente infinito de participantes, pero la mayoría de los juegos sigue el modelo para dos jugadores para facilitar su análisis. Hay juegos con un solo jugador, los llamados juegos contra la naturaleza, donde el juego se convierte en un conjunto de reglas probabilísticas de decisión basadas en problemas.

Acciones o estrategias posibles: conjunto de acciones establecidas y previstas para que un jugador pueda alcanzar un determinado objetivo y la estrategia del conjunto de instrucciones que definen la decisión del jugador. Estas decisiones afectan a otros jugadores, estableciendo así una interacción. La mayoría de los análisis se extraen de juegos finitos en el que los jugadores controlan un número finito de opciones o estrategias, a pesar de la existencia de juegos infinitos donde el agente tiene un número infinito de estrategias.

Los resultados de cada jugador (recompensa): conjunto de resultados de la ganancia obtenida por cada jugador después de cada acción. Se considera que un agente racional tiene por objeto obtener el máximo resultado posible.

Función de utilidad: función que permite a cada jugador combinar y organizar las estrategias y las preferencias de los resultados.

En los juegos estáticos, no consideran la variable de tiempo: las decisiones se toman una sola vez y se calculan los resultados, mientras que en los juegos dinámicos, el sistema evoluciona con el tiempo y las decisiones que se producen durante el período de estudio, para los resultados variables y parciales de cada interacción en el tiempo de juego. En los juegos dinámicos, tenemos dos posibilidades: los juegos discretos, donde la variable tiempo lleva en un conjunto numerable de valores discretos, finitos o infinitos, mientras que en los juegos diferenciales, se trata la variable de tiempo como continua.

Utilidades

La medida de utilización por parte de un jugador tiene como objetivo medir el conjunto de posibles acciones de un jugador con el fin de maximizar o minimizar su satisfacción o frustración, de acuerdo a una lista de preferencias, con el fin de lograr sus objetivos. La medición se evalúa en útil (Plural útiles) o en valores que sean convenientes para el estudio en cuestión.

El grado útiles se hace a través del uso de proporcionalidad. Por lo tanto, dos acciones reciben una cantidad proporcional de útiles, que establecen la ganancia y la pérdida en relación de uno con el otro. Por ejemplo, una acción A puede recibir el valor de 1 útil mientras que B recibe el valor de 2 útiles, lo que significa que la ganancia de B es mayor que el doble de ganancia A.

Al tomar una decisión, y siguiendo una línea estratégica, la decisión de un jugador se hace en condiciones interactivas de certeza, riesgo, incertidumbre y una mezcla de riesgo/incertidumbre. En condiciones de certeza, cada acción lleva asociada un resultado específico. Bajo riesgo, se toman decisiones que tratan de lograr un resultado posible asociado con una tasa de probabilidad conocida. La incertidumbre en este sentido difiere del riesgo por no tener una relación fija predeterminada.

INFORMACIÓN

En un juego, las reglas o las interacciones restringen explícitamente o implícitamente el nivel de información al que puede acceder cualquier jugador. La información que describe el conocimiento sobre el medio ambiente, sobre la estrategia de los otros jugadores y las normas establecidas, lo que influye directamente en el tipo de estrategia adoptada por el jugador y su expectativa de obtener ganancias. La posibilidad de la comunicación y la información accesible permite distinguir los diferentes modelos de juegos: cooperativa o no cooperativa, completa o incompleta, perfecta o imperfecta de la información.

Los **Juegos cooperativos** permiten la comunicación entre los jugadores, que pueden interferir con la estrategia que se adoptará durante un juego. En estos juegos, existe la posibilidad de establecer acuerdos, en el que dos o más jugadores se unen para maximizar sus ganancias, obteniendo así un resultado más alto de lo que cada jugador podía obtener individualmente. Además de los acuerdos, la posibilidad de comunicación permite el establecimiento de agrupamientos con el propósito de maximizar la obtención de ganancias de quien los realiza, sesgando los resultados de la parte que sufre las acciones. Modo de distorsión (ruido), la información es recibida y transmitida (por razones de limitación de los medios de comunicación, o sus emisores y receptores), también puede cambiar la forma en como un jugador determina sus estrategias. En los juegos cooperativos, la falta de información puede hacerse a mano, con la introducción de la naturaleza como un elemento aleatorio. En la comunicación de juegos no cooperativos no es posible o no se puede establecer, mecanismos y normas existentes para frenar esta comunicación.

Los juegos con información perfecta son juegos en los que los jugadores actúan alternativamente y conocen las medidas adoptadas por otros jugadores. Por lo tanto sólo los juegos secuenciales pueden ser juegos de información perfecta, ya que en las partidas simultáneas los jugadores no conocen las acciones de los demás, ya que suceden más o menos en paralelo. En los juegos de información perfecta es posible reconstruir la historia de un juego a través de la inducción inversa. Los juegos de información imperfecta son aquellos en los que los jugadores son conscientes de las medidas adoptadas por otros jugadores.

En los juegos de información completa, cada jugador conoce el número de jugadores, sus estrategias y recompensas, pero no necesariamente sus acciones. Con la ausencia de estos elementos, el juego se convierte en un juego de información incompleta y las características sobre el tipo de jugadores dejan de ser de conocimiento común, rompiendo la simetría entre ellos.

DEFINICIONES

Cartel: Acuerdo implícito o explícito entre los jugadores, con una estrecha cooperación, en detrimento de otros jugadores (fuera del cártel), compartiendo información privilegiada para maximizar sus pagos.

Amenaza: Coacción basada en una actitud de posibles represalias futuras si el jugador que sufre no satisface la demanda del jugador que amenaza.

Farol: Erróneamente enseñado por un jugador con el fin de lograr los objetivos. El farol, sin embargo, sólo puede ser funcional si el otro jugador cree en la capacidad del farolero de cumplir su amenaza. De lo contrario, el farol se convierte en un fanfarrón.

EL DILEMA DEL PRISIONERO

El dilema del prisionero (PD) es un conjunto que suma no-cero, que es un problema clásico en la teoría de juegos. Según varios estudios realizados por los teóricos del juego, economistas, matemáticos, psicólogos y biólogos evolutivos, los seres vivos y los grupos de seres vivos (como plantas y animales) están dispuestos en interminables partidas del dilema del prisionero que se despliegan en el tiempo evolutivo.

Con la aparición del concepto de equilibrio, John Nash, la American Mathematical Merrill Flood y Melvin Dresher desarrollaron un experimento estratégico que se conoció después de la historia montada por el matemático Albert William Tucker en 1950 como el Dilema del Prisionero. El objetivo inicial del experimento fue determinar si las personas que desconocían el equilibrio de Nash, cuando se enfrentan a una situación similar a la del juego, iba a reaccionar de acuerdo con la predicción teórica de acuerdo al fuego desertando mutuamente. Su mejor descripción conocida es la siguiente: dos sospechosos de haber cometido un delito grave son detenidos e interrogados por separado. En un intento de incriminarlos a ellos, el inspector, en secreto ofrece a todos la opción de entregar al cómplice y de permanecer en libertad (traicionar) o permanecer en silencio (cooperar), teniendo en cuenta que:

Traicionar: significa llevar a cabo una acción en la que se busca un mayor beneficio personal a expensas de otro agente, que se gana la pena de cárcel.

Cooperar: significa llevar a cabo una acción mediadora que busca lograr el costo y la distribución de beneficios en una interacción

Si uno de los sospechosos denuncia al otro, y este se calla, el demandante obtiene la libertad, mientras que el otro asumiría en solitario toda la pena máxima. Si ambos permanecen en silencio, ambos serán penalizados, pero cumpliendo con una sentencia más indulgente para cada uno de ellos. Pero si los dos entregaran el uno al otro, los dos serán castigados con la misma pena: menor que el máximo, pero mayor que la sentencia indulgente.

Por lo tanto, la situación debe cumplir con los siguientes requisitos de ser mayor ganancia (T) Pérdida Mayor (S) Pérdida Media (P) y el promedio de ganancia (R), Tenemos que:

- $T > R > P > S$: Donde el traidor gana más de la cooperador cuando se juega con él.

- $R > P$: la ganancia para la cooperación mutua es mayor que la ganancia de la traición mutua

- $R > (T + S) / 2$: los dos jugadores se alternan entre la cooperación y la traición tienen una ganancia menor que si cooperaban conjuntamente.

Suponiendo los valores de la muestra, y siguiendo el dilema de las reglas para las ganancias se pueden ajustar que $T = 10$, $S = -10$, $Q = R = -1$ y -5, puede reconstruir la matriz de valores de resultados para facilitar la visualización, y señalar que el máximo y el promedio de pérdida, no tienen que ser valores de pérdida negativos, pero puede ser valores de ganancia más pequeños en comparación con otras opciones.

En el juego del Dilema del Prisionero o Dilema del prisionero no iterado (DPNI), no hay manera de que un jugador confíe en otro jugador, el juego está destinado a ser de traición mutua, lo que de alguna manera es desventajoso para ambos, pero no tanto como sería el que uno cooperase mientras que el otro es traicionado.

El juego iterado es sólo que el juego DPNI se repite un número indefinido de veces entre los mismos jugadores, en el que las sucesivas rondas permiten el desarrollo de las líneas estratégicas, lo que permite el desarrollo de la confianza, la desconfianza, la venganza, los acuerdos, el perdón y la reconciliación, porque lo que importa es la recompensa que se puede lograr mediante la cooperación y las traiciones. Por lo tanto hay tendencias de comportamiento basados en la evolución de las interacciones entre los jugadores. Por lo tanto, el comportamiento cooperativo puede surgir incluso en seres aparentemente irracionales y sin aparato lingüístico como las bacterias.

Axelrod (1997) para hacer una experiencia computacional, pidió a un grupo de investigadores las diferentes estrategias que se implementarán en los juegos usando el Dilema del Prisionero iterativo. Un análisis de los tipos de estrategia utilizada demuestra las variaciones de un juego de estrategia que utiliza el DPI como modelo, y puede tomar:

Tal para cual - Repite la última elección del oponente. Es decir: si el jugador 1 traiciona, el jugador 2 también traiciona, si el jugador 1 coopera, el jugador 2 también coopera. Ojo por ojo nunca entra en un conflicto innecesario.

Ojo por dos ojos - Al igual que el ojo de un ojo anterior, salvo que el oponente tiene que hacer la misma elección dos veces antes de que hayan represalias. Es decir, el jugador 1 coopera mientras que el jugador 2 traiciona dos o más veces.

Captador Ingenuo - repite la última elección del oponente (como en Ojo por ojo), pero a veces traiciona en lugar de cooperar. El Jugador 1 coopera o hace trampa según las acciones del jugador, pero traiciona al azar. Una variante de esta estrategia es el Captador Arrepentido, donde además de seguir la regla del Captador Ingenuo, cuando el jugador traiciona, el jugador que toma represalias también engaña al jugador que realiza una acción de arrepentimiento-cooperación.

- Pacificador Ingenuo - repite la última elección del oponente (es decir, Ojo por ojo), pero a veces coopera en lugar de hacer trampa.

- Pacificador Verdadero - coopera a menos que el oponente traicione dos veces y luego traicione una vez, pero a veces cooperan en lugar de hacer trampas.

- Vengativo Permanente - coopera hasta que le engaña el oponente, y si eso ocurre siempre traicionará sin perdón. Es una estrategia que no perdona, nunca coopera después de que el otro jugador haya traicionado, siendo extremadamente sensible a error, ya que cualquier traición equivocada puede desencadenar en una pena máxima como represalia.

- Pavlov - repite la última opción si el resultado es bueno dentro de un cálculo realizado.

- Adaptable - se inicia con una serie de cooperaciones y un número igual de traiciones, y luego calcula la acción que ofrece el mejor promedio, la media se calculará de nuevo después de cada acción.

- Gradual - coopera hasta que el oponente traiciona, en ese caso traiciona el número total de veces que el oponente traicionó durante las interacciones.

- Sospechoso de Ojo por Ojo - como Ojo por Ojo excepto que comienzo traicionando.

LOS PIRATAS Y LA PIRATERÍA

La aparición y el uso del término "pirata" nace de los registros acerca de los piratas y sus ataques ya en el siglo XIV antes de Cristo, no nace de la literatura registrada históricamente con los arquetípicos de merodeadores marítimos como se les llama entre los siglos XVI y XVIII. Hakim Bey utiliza el término Zona Temporal Autónoma (TAZ, de sus siglas en inglés) para llamar a estos grupos de facilitadores de la actividad ilegal. Del mismo modo, la piratería moderna replica el modelo propuesto por el autor, poniendo en práctica el intercambio de contenidos, la difusión por la red de software a través de Enlaces, Replicación y uso de productos que se consideran ilegales. El TAZ es muy difícil de detectar por las autoridades, sin embargo, está accesible para todo el mundo. Como explica Bey, "el mapa está cerrado, pero la zona autónoma está abierta." (Bey, 2004: 16).

Para una mejor comprensión del lector, asumiremos la nomenclatura pirata como los profesionales y las actividades ilegales desde el punto de vista de la industria y el poder constituido en relación con la protección de los derechos de autor de los productos culturales, con independencia de la rentabilidad financiera, reconocimiento personal del autor o productos pirateados. La cultura pirata en el ciberespacio crece de manera similar a los marineros ilegales de los siglos pasados, como se hizo en su día las islas sirven de refugio a la mirada reguladora de la sociedad, hoy en día hay servidores online no autorizados que hospedan videojuegos y haciendo una búsqueda cualquiera en internet encontrará numerosos enlaces para descargar productos ilegales. Los Piratas mini-sociedades del siglo XVIII tenían pleno conocimiento de la actividad que desarrollaban estaba al margen de la ley (Bey, 2004). A su vez, los grupos de piratas modernos se vinculan mediante los clanes, equipos, comunidades y no muestran ninguna vergüenza en el ejercicio de sus actividades a sabiendas de que son ilegales.

La diferencia más notable entre la piratería antigua y la moderna se produce en relación con el producto: lo que antes era usurpado a su propietario, cambiando su propiedad legal de las manos del propietario legítimo hacia otra persona, hoy en día se debe a la ciberpiratería, que significa "no dejar a alguien sin, sino que se deja a otro con". Así que es el concepto de la piratería no es simplemente una copia de ese objeto que está protegido por las leyes de derechos de autor. Ambas prácticas tienen en común la capacidad de ir en contra de la industria, de sus beneficios legales.

En este sentido, es importante señalar que la piratería no se limita a los ingresos, aunque esta modalidad sea la más usada. Como señaló Noble (2010), también hay que tener en cuenta el consumo, la reproducción y el intercambio de ideas y productos no autorizados. Bajo la lógica corporativista, todas estas acciones se traducen en pérdidas a largo plazo, debido a la disminución en el número de ventas del producto original.

La piratería no es exclusiva de nuestro tiempo, sin embargo, sumado al potencial generado por medio de las TIC y el desarrollo de las habilidades cognitivas relacionadas con la interacción social (Regis, 2010), el ámbito de actividad de los piratas es de carácter global, en el sentido más amplio del término. Con la popularización de las TIC cada vez son más las personas que llegan a ser capaces de desarrollar cualquiera de las actividades clasificadas como ilegales o piratas, siendo conscientes de ello o no.

LA INDUSTRIA DEL VIDEOJUEGO

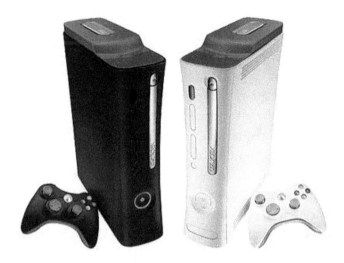

Hoy en día la industria de los videojuegos es una de las que más facturan en todo el mundo. Llegamos a un punto donde los juegos se lanzan casi a diario. Siendo una industria nacida hace poco más de 45 años, hoy en día está presente en numerosos países de todo el mundo, y emplean a miles de personas, deleitando a miles de personas, que cada vez se rinden al placer de jugar a un videojuego. Curiosamente, una gran parte de aquellas personas que disfrutan jugando terminan considerando la posibilidad de hacer dinero con los juegos, ya sea jugando o produciéndolos.

De ahí viene el sueño. ¿Quién no ha pensado en llevar una "buena vida"? que tire la primera piedra. Aún hoy recuerdo el momento en el que tube mi primera consola, un tiempo en el que soñaba con trabajar haciendo algo tan divertido como los mejores juegos de plataformas y de lucha que hayan existido nunca. El pensamiento es muy fresco, lindo y divertido, así que ¿por qué no hacer dinero con él?

Creo que muchas personas ya han tenido este pensamiento y que algunos (en realidad muy pocos) están haciendo de esto su forma de vida. La gran mayoría dió por vencido el sueño cuando se enfrentó a la pregunta: ¿por dónde empiezo? En realidad esta es una pregunta difícil de responder, incluso porque muchos sienten que pueden desarrollar un juego como Gears of War, Assassins Creed o ProEvolution Soccer en un par de tardes. Esa forma de pensar es tan común como errónea y surge principalmente en aquellas personas que no están familiarizadas con el área informática o que cree usted que un juego es simplemente hacer clic y arrastrar sprites dentro de una pantalla y controlarlos con un control o teclado. La realidad es mucho más compleja, y requiere de planificación, de una elaboradísima producción gráfica, de varias líneas de código de programación, de los diversos cálculos para la ubicación de los personajes y de la física del juego (por nombrar algunos).

Ahora abordaremos cuestiones específicas de la industria de los videojuegos, pero de una manera diferente: en lugar de la visión común de los consumidores/gamers, veremos el punto de vista de los negocios. Con cada nuevo capítulo, le mostraré a usted, el lector, un poco sobre la realidad de las personas que hacen lo que te divierte, todo de una manera sencilla y asequible para todos.

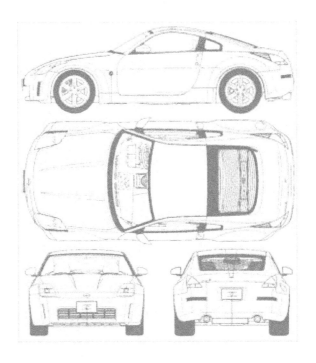

Veremos cómo es la producción de un juego, lo que pasa detrás de las escenas, como trabajan los tipos de profesionales que están detrás de estas verdaderas obras de arte que jugamos hoy y lo que hace cada uno. Cómo es el proceso de desarrollo de un juego, desde la concepción de la idea, a través de la pre-producción, la producción y el ciclo de vida. Y, lo mejor de todo, es que vamos a hacer nuestro primer juego de ordenador.

Para llegar a la etapa de desarrollo de nuestro primer juego, indicamos tutoriales y libros electrónicos que se pueden utilizar como material de apoyo para la introducción a la programación y el lenguaje de programación que se utiliza en los ejemplos de este libro, como son C# con XNA. Hablando de ejemplos, todos ellos serán detallados y explicados de la forma más sencilla posible, para que aquellos que no están familiarizados con este tema tengan la oportunidad de entender lo que está haciendo. Sin embargo, es importante señalar que el nivel de comprensión depende mucho del esfuerzo y del interés, que simplemente leer las palabras de este autor.

Mi objetivo no es formar a las personas para que sean plenamente capaces de desarrollar un juego espectacular digno de la industria del videojuego, pero conocerá las principales cuestiones y servirá como iniciación para aquellos que están interesados y desean seguir una carrera en este área, ya que creo que es un sector realmente muy interesante. Así se estará preparando.

La Industria Actual

Hoy en día la industria de los videojuegos es un negocio millonario altamente lucrativo y competitivo. Tal grandeza, sin embargo, genera "efectos secundarios" como la complejidad del proceso. A diferencia de los primeros tiempos en los que dos personas (e incluso una sóla persona) eran capaces de realizar un juego completo, en la actualidad existe una demanda de un gran número de profesionales cuyas habilidades y áreas de especialización son de lo más diversas. Es bueno llegar a entender cómo se llegó a esta evolución y aprender un poco más acerca de los principales puestos de trabajo existentes en la industria del videojuego.

Veamos unos datos interesantes sobre esta industria:

- Es uno de los negocios más rentables en el mundo

- Su facturación supera a la industria de la música y la del cine juntos.

- Pensamos que es una cosa de niño, pero no lo es.

- El 75% de los padres de familia juegan a los videojuegos

- La media de edad de los jugadores es de 30 años

- La meedad edia de los compradores es de 35 años

En los primeros tiempos, en los tiempos de Spacewar! (1961), del PONG (1972) y el Space Invaders (1978), era relativamente "fácil" desarrollar un juego. Digo "fácil", porque no había necesidad de reclutar a un ejército de personas cualificadas para desarrollar un juego, el que fuera. Pero la cosa no era tan fácil y simple como muchos pueden pensar, y como yo mismo pensé durante mucho tiempo.

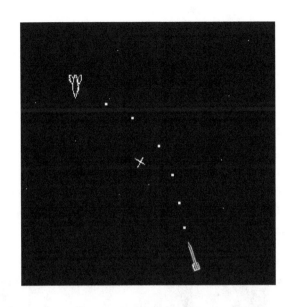

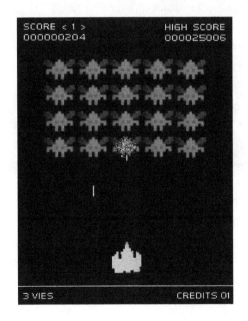

Conseguir ordenadores para este fin fue la principal dificultad a la hora de emprender esta industria: eran caros y demasiado grandes. No es de extrañar que en aquel momento un ladrillo debotando contra una pared y juegos similares fueran un tremendo éxito. Aun así, en contra de todas las tendencias, los pedidos y todo lo demás que impedía que alguien lograra algo en este campo, la universidad MIT utiliza un equipo recién adquirido por la universidad, el PDP-1 para desarrollar el primer juego electrónico de todos los tiempos, el Spacewar!. Todo el juego se hizo en alrededor de 200 horas de trabajo.

El propósito de este paseo por el túnel del tiempo es demostrarle lo antiguo, y que hasta hace poco, era posible desarrollar un juego con equipos relativamente pequeños y en intervalos de tiempo muy cortos. Después de todo, el 90% de los esfuerzos se centraron en la programación del juego y no en los gráficos, ni en la historia, ni en el guión y ni en la banda sonora. La realidad es que los jugadores empezaron a ser cada vez más y más exigentes, y cada vez exigían mejores gráficos y juegos que contaran por lo menos una historia decente, y con ello la demanda de los videojuegos fue creciendo. Mientras esta industria crecía, fueron surgiendo nuevas oportunidades y más juegos diferentes, por lo tanto, esto ha llevado a que cada vez sea más complejo el desarrollo de un videojuego, la competitividad es muy alta, y hay auténticos artistas en el mundo del diseño gráfico.

Estas técnicas creativas y variables, junto con muchos otros factores, se convirtieron en parte de la fórmula mágica para el desarrollo de un buen juego. Tal vez una de las técnicas más importantes de todos los tiempos son los gráficos 3D. Desde la aparición de los primeros juegos en 3D, los juegos tienen un enorme salto tecnológico, la industria llegaría a estar, en poco tiempo, obsesionado con la constante mejora en los gráficos, lo que genera como consecuencia la necesidad de más y más tiempo de desarrollo.

Desde el surgimiento de los gráficos 3D, ahora damos más énfasis a estas áreas que nunca tuvieron antes insertadas claramente en el desarrollo del juego: el desarrollo de la inteligencia artificial, modelar escenarios, los personajes, la programación, la física, la banda sonora, los efectos de sonido e incluso el maquillaje digital. Cada vez más, se requieren equipos de desarrollo más grandes, con varios expertos en los temas más inverosímiles.

Los oficios principales de la industria actual

La industria que anteriormente era realizada por "empresas de un solo hombre", por lo general el desarrollador del juego, ahora requiere la movilización de equipos enteros con personal comprometido durante meses o incluso años para desarrollar un producto comercialmente viable. En la actualidad, el desarrollo de un juego "básico" que se puede vender en todo el mundo, requiere que las personas implicadas en la gestión de los recursos de fabricación, en el proyecto de desarrollo de la idea central del juego (diseñador de juegos), del diseño de escenarios en los proyectos de etapas/desafíos (diseñador de niveles), compositores musicales, expertos en efectos de sonido, actores de doblaje, programadores (muchos de ellos, cada uno con su propia especialidad), los artistas, los probadores ... y un sinfín de personas.

Vamos a enumerar los más importantes:

- **Productores**: son los responsables de supervisar el desarrollo de un juego. Hay dos tipos de productores: los productores ejecutivos, normalmente presentes en el desarrollo del juego, son contratados por los editores de los juegos, y los productores nacionales, que son contratados por los propios equipos de desarrolladores.

- **Los diseñadores del juego**: son los responsables de diseñar el juego en su conjunto, desde la formulación del concepto, a su modo de juego. Deben estar atentos a las noticias y a las tendencias de la industria, tienen buenas habilidades de comunicación y son expertos potencialmente creativos.

- **Artistas**: son los responsables del desarrollo de cualquier cosa que requiere el arte visual. Puede caber en la concepción del arte, el modelado 3D de personajes y el ambiente, animación, texturizado, iluminación, entre muchas otras áreas que implican la creación y manipulación de imágenes.

- **Desarrolladores**: son los responsables del desarrollo de una o más plataformas de ordenador, toda la lógica diseñada para juegos. Hay varias especialidades que se pueden seguir en este campo, entre ellos el desarrollo de la física del juego, la inteligencia artificial, el procesamiento de gráficos, el procesamiento de sonido, la jugabilidad, la interfaz de usuario, entre otras muchas cosas.

- **Diseñador de niveles**: son responsables de la creación de los retos, los niveles, los desafíos e incluso las fases del juego. Como programadores también escriben líneas de código de programación, modificando las reglas de puntuación, la definición de las metas y las acciones importantes para el avance en la historia del juego.

- **Probadores**: son técnicamente los responsables de revisar el juego con el objetivo de identificar los errores en su desarrollo. A pesar de ser una profesión de ensueño para casi el 100% de los jugadores, el trabajo del probador es muy técnico y requiere de un alto conocimiento en computación para opinar sobre lo que pudo haber provocado un error, la capacidad de análisis y la voluntad de obtener un sinfín de horas probando los juegos.

Así que, querido lector, si usted siempre quiso entrar en la industria del videojuego, pero siempre pensó que no era tan bueno en cualquier cosa de la vida, simplemente deténgase a pensar por un momento en algo que sepa que sabe hacer bien. Si no te gusta asistir a conferencias aburridas, o le gusta la gestión de negocios o tiene ideas frescas que ha estado diseñando en un cuaderno cada vez ha pensado en el diseño de personajes, en escenarios medievales, futuristas y en todo lo que necesitapara un juego? Si usted tiene un poder prolífico para hacer incluso una monja casada, ¿ha pensado alguna vez sobre de ser un productor, un negociador, un diseñador de juegos o en dirigir a todo un equipo? O si a usted le gusta las matemáticas de fantasía, la lógica y los algoritmos, ¿ha pensado alguna vez sobre ser un programador de videojuegos?

Las áreas son numerosas y tienen espacio para mucha gente. Desafortunadamente (o afortunadamente) España carece en gran medida en todas las áreas de desarrollo de juegos, faltan todas las personas calificadas. También es cierto que la falta de educación técnica y superior que hay aquí, pero el interés y el compromiso por aprender algo en alguna área nos podrá ayudar a buscarnos un hueco en esta industria. Después de todo, ser uno de los pioneros debe tener sus ventajas.

Las Profesiones en la industria del Videojuego

Hoy en día, para hacer un buen juego es necesario, por lo general, tener un personal enorme y muy bien formado. Sin embargo, incluso con la aparición de trabajos cada vez más inusuales y "tercerizados", cuatro campos de acción son todavía campos muy fuertes en la base de la creación del juego, lo que constituye, junto con la colaboración de otras áreas, los pilares que apoyan esta industria y son las que convierten en realidad el "sueño" de hacer un juego. Estas cuatro posiciones son: Programador de Juegos, Artista, Diseñador de Nivel y Game Designer.

Programador del juego

Un pionero en la industria, la profesión de programador de videojuegos surgió entre finales de 1960 y principios de 1970, y hoy en día es el más diverso de la industria de los juegos. Su función es permitir el desarrollo de lo que es esencial para cualquier juego, su lógica y sus cálculos matemáticos.

En el momento de la aparición de los videojuegos, incluso con los juegos que son muy simples, como un par de luces moviéndose en una pantalla parpadeante, con pocos minutos de juego, su desarrollo no era sencillo. Debido a la muy baja capacidad de procesamiento de las máquinas de la época, y también debido a la falta de sistemas operativos, la programación de un programador de juegos requiere un profundo conocimiento de un lenguaje de programación que se comunica casi directamente con el hardware de la máquina: el Assembly. También conocido como el lenguaje ensamblador, el código de escritura para el montaje es muy laborioso y poco productivo, pero era la única alternativa viable en ese momento.

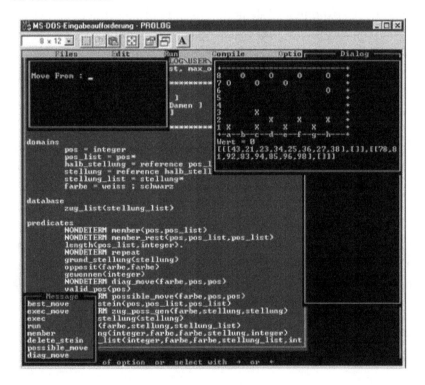

Así eran los juegos fueron programados en DOS. En este ejemplo, un juego de damas.

Debido a la falta de potencia de procesamiento y a la dificultad de la programación en lenguajes de bajo nivel de abstracción, no había necesidad de un equipo con varios expertos en diversas áreas, todo estaba concentrado en manos del programador, que tenía prácticamente todos los conocimientos necesarios para hacer un juego. Sin embargo, con el avance de las máquinas y con el aumento exponencial de la potencia de procesamiento de estas, se ha convertido en una tarea mucho más simple (pero no del todo fácil) para programar un juego. Hoy apenas existe necesidad de programar en Assembly, sin que se programa en lenguajes de alto nivel que tienen la mayor similitud con el lenguaje hablado por nosotros, los seres humanos.

Con la evolución de las máquinas y de los lenguajes de programación, ahora se puede programar a niveles muy cercanos a la máquina y se pasa a programar con frameworks (Vamos a discutir esto en otro artículo), que pueden ser entendidos, como el principal responsable de la conversión de los lenguajes de alto nivel a lenguaje de máquina, es decir, se escribe de manera similar a la forma en la que nuestro lenguaje se convierte en instrucciones para la máquina en lenguaje máquina sin la necesidad de preocuparse por la forma en que se hará.

Además de los lenguajes de alto nivel, el desarrollo actual del software ofrece una gran cantidad de herramientas que necesitamos para trabajar solamente en un lugar. En la imagen, podrá ver herramienta gráfica de edición de Visual Studio 2012.

Desde entonces, ha habido un aumento considerable de la productividad. El tiempo que antes se utilizaba para entender el funcionamiento de las máquinas ha pasado a ser usado para crear innovaciones computacionales que vemos todos los días cada vez que se da a conocer un nuevo juego. Entre los lenguajes de programación que destacan hoy en día en la industria de los videojuegos podemos mencionar C++, Java y C#.

La profesión de programador de videojuegos sigue de cerca la evolución de las tecnologías, después de todo son los principales responsables de esta evolución. Así que la profesión se ha convertido en tan diversa como las tecnologías existentes para el desarrollo de un juego. Hoy en día hay programadores de todo lo imaginable. Podemos citar:

La física del juego del programador: se dedica a la elaboración y aplicación de la física que el juego va a utilizar, el establecimiento de normas que, por ejemplo, simulan la gravedad y las colisiones. En pocas palabras, estos son los responsables de escribir en líneas de código todo lo que vemos en las clases de física en la escuela secundaria.

Desarrollador de la inteligencia artificial: no hay nada peor que un juego en el que todos sus adversarios son idiotas y no imponen en sus desafíos. En estos casos, la culpa es toda de los desarrolladores de la IA. Estos son los responsables para el desarrollo de toda la lógica existente detrás de cada acción que es llevada a cabo por un personaje no jugable en el juego.

Los programadores de gráficos: son responsables de no dejar que el juego se asfixie cuando, por ejemplo, hay muchos enemigos y efectos en la pantalla al mismo tiempo. Esto requiere una gran capacidad de procesamiento, a veces más alto que lo que soporta una consola o un ordenador. Deben mejorar la mayor parte de la capacidad gráfica. Hoy en día son los mejor pagados.

Programadores de red: son responsables de hacer realidad los juegos en línea. Esto se considera una de las especialidades más difíciles en el campo de la programación, ya que implica cuestiones de infraestructura para el modo de juego que está comprometido con las diferencias de cada ancho de banda de cada jugador.

Además, todos los desarrolladores son los responsables de definir las relaciones de los muchos eventos que se producen en el juego, a través de la creación de diagramas de clases y de la documentación del proyecto, para que otros programadores puedan mantener el código escrito por estos.

Debido a la gran cantidad de plataformas existentes hoy para programar (Xbox 360, PlayStation 3, Wii U, Windows, iPhone, etc), el programador normalmente se especializa en sólo uno o en algunos de ellos, esto después de definir cuál es su área específica de acción. Es una profesión que requiere una gran cantidad de profesionales, pero para aquellos a los que le gustan los algoritmos, la lógica, la informática y la programación es una gran diversión, especialmente teniendo en cuenta que los sueldos se encuentran entre los más altos de la industria. Las diversas encuestas realizadas muestran que en los Estados Unidos un programador experimentado puede ganar hasta EE.UU. $ 9,500.00 por mes, más de un director de arte.

¿Sabía usted que muchos de los viejos juegos tienen actualmente el código abierto para su estudio? Este es el caso, por ejemplo, de DOOM y muchos juegos de Atari.

EL GAME ARTIST

El game artist son los artistas responsables de cualquier tipo de arte visual y de sonido en este juego. La profesión de artista es relativamente nueva y comenzó a cobrar importancia durante la era de los 8 bits en la segunda mitad de la década de los 80. Antes de eso, el poder de procesamiento gráfico y de sonido de los ordenadores era insuficiente, casi inexistente, de manera que no era necesario tener a una persona experta en la técnica del diseño de juegos, la actividad atribuida al programador la mayor parte del tiempo.

Lo más importante es darse cuenta de que esta área de actuación abarca dos tipos de profesionales y que su trabajo debe estar en perfecta sincronización con el arte del juego en su conjunto.

Proceso de modelado de escenarios de Assassin Creed III

El primero es el modelador 3D. Sus principales responsabilidades son las de recibir el guión y el argumento del juego, analizarlos y luego dar vida al concepto original de la historia, crear los bocetos de los personajes, los ajustes, efectos especiales u objetos específicos. En las etapas iniciales, su trabajo es más a nivel de crear proyectos de las ideas e incluso se pueden hacer en papel. El resultado se presenta al director de arte y a los diseñadores de juegos para validar y aprobar lo que este creó. Luego, el proyecto vuelve al artista para modelar en 3D con todos los detalles requeridos por el equipo.

El otro profesional involucrado en el desarrollo del arte del juego es uno que podemos llamar de una manera más grotesca como músico. En esta área nos encontramos con los compositores, cantantes y hasta programadores de efectos de sonido.

Detallar el diseño de sonido de cada uno de los actores involucrados en un juego es una tarea difícil, el trabajo de cada uno de ellos consiste en el análisis de cada personaje, en la animación y en el modelado del escenario. Para los personajes, los análisis de las características físicas, los atributos, el carácter y la trama antes de escribir su tema principal, por ejemplo. En el caso de series y animaciones, es necesario definir muy bien qué sensaciones quieres reproducir y coordinar estas sensaciones no sólo con la banda sonora, sino con todos los efectos de sonido.

No es difícil darse cuenta de que, antes con la sencillez de un juego de los primeros tiempos de la historia de los videojuegos, el trabajo de los profesionales de este ámbito de actividad era prescindible. Trate de imaginar toda la complejidad y técnica que entraña su trabajo en el actual entorno macroeconómico de desarrollar un juego y, finalmente, llegará a la conclusión de que no había herramientas, no era una necesidad real, lo que permite una evolución técnica que ya hay hoy en día.

Para comprender el trabajo práctico de los artistas del juego, hay un excelente video producido por Machinima con los productores de la Medal of Honor que podrá ver en Youtube.

Actualmente un gran proyecto requiere una gran cantidad de artistas, cada uno con su propia especialidad. Sus salarios varían mucho de una compañía a otra y están muy influenciados por el arte y el proyecto en el que están trabajando. Sin embargo, las encuentas indican que una Game Artist que empieza una carrera en los Estados Unidos gana un promedio por mes, de poco más de U $ 5,500.00 y con más de seis años de experiencia cobra alrededor de $ 7,000.00. Los directores de arte más experimentados ganan alrededor de EE.UU. $ 9,000.00.

DISEÑADOR DE NIVELES

Los diseñadores de niveles son responsables de la creación de escenarios, desafíos y misiones, y también se encargan de la definición de los objetivos a alcanzar en cada uno de estos. Normalmente, hacen uso de los programas informáticos utilizados por los modeladores e incluso atribuyen algunas de sus funciones a una mayor autonomía y al aumento de la productividad.

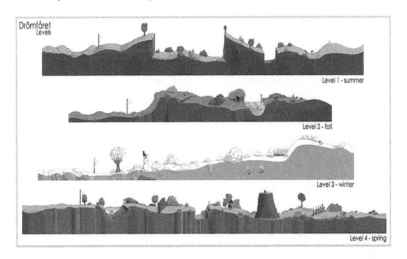

Junto con los modeladores, los diseñadores de niveles trabajan directamente con la creación, diseño y modelado, especialmente en los escenarios. Algunos también tienen algunos conocimientos de programación con el fin de definir scripts de "lo que sucede cuando usted hace esa cosa" y ajustar los diálogos que se harán entre los personajes en diferentes situaciones, por ejemplo.

Sin embargo, esta acumulación de actividades y de funciones para una sola persona es menos notado que en los equipos de desarrollo grandes, que son responsables específicamente de cada parte del juego. En tales casos, los diseñadores de niveles trabajan en estrecha colaboración con artistas de primer nivel (Responsables de modelar el escenario) y con los programadores de scripts, siendo responsables sólo de la planificación y de los eventos que escribirán los programadores del escenario.

Game Designer

Los diseñadores de juegos son los responsables del diseño del juego en sí, por lo general son los que tienen la idea principal del juego en la cabeza y asumen la responsabilidad de su desarrollo. También definen el modo de cómo será el juego y cómo será su estructura, por ejemplo, la puntuacion, y la explotación, entre otras tareas.

Curiosamente, fue en los primeros tiempos de la industria cuando el jefe de programadores también asumía las funciones de diseñador de juegos hoy en día es necesario contar con varios profesionales para realizar esa tarea.

Sid Meier es un buen ejemplo. Su carrera comenzó en 1982 cuando fundó el estudio MicroProse con Bill Stealy. Silent Service y F-19 Stealth Fighter fueron los dos primeros hits del estudio y contaron con la participación activa de Meier, quien fue el responsable de dirigir el equipo de programación. Sin embargo, después del lanzamiento de F-19, dijo que estaba decepcionado con todo lo necesario para programar un juego y cambió su enfoque a los juegos de estrategia.

A partir de entonces Meier tenía una increíble cantidad de ideas que se han desarrollado y se han materializado en los juegos que hoy llevan su nombre en los títulos: Pirate de Sid Meier, Railroad Tycoon de Sid Meier y el famoso y aclamado Civilization de Sid Meier.

Chris Sawyer es otro buen ejemplo de programador cuya carrera floreció y le llevó posteriormente a ser diseñador de juegos. Su primer trabajo fue de importancia en MicroProse de Sid Meier, donde dirigió un equipo de desarrolladores para crear Transport Tycoon en 1994.

Mientras trabajaba como resultado de este juego, Sawyer desarrolló fascinado por las las montañas rusas y así comenzó el proyecto de una de las más exitosas franquicias de Tycoon: Chris Sawyer's RollerCoaster Tycoon. Desde entonces dos grandes versiones de este simulador y numerosas expansiones fueron puestas en libertad. Todas ellas llevan el nombre de Sawyer en el título y contaron con su trabajo como consultor de diseño del juego.

El mejor de todos los ejemplos, sin embargo, son los éxitos de Will Wright. Ingeniero graduado, Will empezó su carrera en los juegos de manera informal, en su garaje. Con una pequeña incursión con el juego Bungeling Bay, un juego de acción con helicópteros, fue su principal trabajo doméstico e inspirador para su primer gran éxito: SimCity.

La idea de SimCity era tan compleja que no pudo encontrar un distribuidor dispuesto a apostar en el juego. La solución fue la de fundar su propio estudio con Jeff Braun, un inversor interesado en comenzar en la industria del videojuego. Y así nació Maxis y, algo más tarde, SimCity.

A partir de entonces, numerosas ideas impresionantes para crear juegos surgieron de la cabeza de Wright: SimEarth, SimAnt, SimCopter, Spore y Los Sims son los más conocidos. El resto, es la historia que todos conocemos, o que casi todos conocemos.

Con la evolución de los juegos y el aumento en el número de los miembros de un equipo responsable del desarrollo de un juego, la figura del diseñador de juegos ha estado actuando sólo en el diseño y en la configuración del proyecto a medida que este evoluciona. Si el proyecto es demasiado grande, puede haber más de una diseñador de juegos, cada uno responsable de diferentes aspectos del juego.

El Desarrollo de un Videojuego

Es cierto que los videojuegos en la actualidad gozan de una buena reputación como industria porque como se podrá imaginar, se considera arte. Sin embargo, a pesar de esta condición, esto es un arte que debe obtener ganancias para poder mantenerse. Esto debe de crear un mercado, establecer sus campos, profesiones, y en especial su proceso de producción.

Actualmente cada producto y las relaciones comerciales que se desarrollan con su comercio tienen algunas complejidades. Esta complejidad crea una necesidad constante para el estudio de los procesos de manera que se optimizan y las ganancias van aumentando. Con la industria de los videojuegos, que gana miles y miles de millones de dólares cada año, no podía ser de otra manera.

Los procesos presentes en la cadena de producción de un juego son numerosos, muchos de ellos inimaginables, difíciles de identificar y con la particularidad de cada empresa. Su complejidad y la dinámica es tal que podemos considerar la producción como un proceso masivo y caótico. Sin embargo, si adoptamos una visión más general, podemos identificar y ver que el desarrollo de un juego comercial pasa por las etapas que se enumeran a continuación.

Pre-producción

La pre-producción involucra elementos que definen la concepción general de la idea de un juego, sus reglas de negocio y la documentación del proyecto.

Para que un juego comience a ser producido, las ideas tienen que ser creadas y adaptadas por los editores y desarrolladores de la empresa. Normalmente son dos los tipos de escenarios que se configuran en esta etapa de la producción, en el primero, la edición y el desarrollo son diferentes "Software Factories" y en el segundo, son parte de la misma Software Factory, de la misma compañía.

Si bien en ambas etapas existe la necesidad de la aprobación del proyecto, la primera idea debe ser vendida a un editor, que establecen los contratos de producción y proporcionan lo que es importante para el avance del proyecto: recursos financieros. En este escenario, normalmente, se cogen las ideas y se presentan a través de demostraciones para los desarrolladores, ya que por sí solos no habrían podido ejecutar el proyecto hasta el final. De hecho, uno depende del otro como en una relación simbiótica para que el proyecto pueda alcanzar el final y se convierten en un juego.

Los diseñadores de juegos son los responsables de la venta de las ideas a los editores que, cuando están convencidos, buscan productoras para que el proyecto siga adelante.

A diferencia del primer escenario, el segundo que tiene varios equipos (divisiones) de producción que trabajan conjuntamente en el diseño, aprobación y ejecución de ideas y proyectos. Sin embargo, el proceso de aprobación es muy burocrático y suele requerir que el proyecto pase por varias fases impuestas por los equipos de gestión de proyectos.

En paralelo al diseño y de la presentación de la idea, está el desarrollo del proyecto que describe en detalle los conceptos y los principales elementos de juego en la documentación del juego. Opcionalmente, la documentación puede contener aún bocetos de diversos factores relacionados con el proyecto, tales como personajes, fondos, y los prototipos funcionales para demostrar el modo de juego. Al contrario de lo que podría ser considerado por muchos, la documentación de un proyecto de este tipo es muy dinámico y pueden sufrir cambios a medida que avanza el desarrollo, semanales e incluso diarios.

Antes de que exista la aprobación definitiva, hecho que ocurre cuando la producción del proyecto da el visto el bueno, los equipos de programadores y artistas comienzan su trabajo y empiezan a desarrollar prototipos de demostración, que se rige por los plazos y por presupuestos determinados por los productores (los productores del juego). Trabajan desde el principio para que no haya retrasos en la aprobación y el inicio de la producción (ejecución) del proyecto.

Un buen ejemplo es la muestra el juego Mafia II en su fase de pre-producción. Quién tuvo la oportunidad de jugar puede ver que la versión de pre-producción no es como la versión final: personajes, escenarios, discursos y prácticamente todo lo que ves es genérico. Puede buscar el vídeo en Youtube.

PRODUCCIÓN

La producción de un juego consiste en varias actividades, como la producción artística, las hojas de ruta y la aplicación de un lenguaje de programación. En el aspecto técnico, también implica la aplicación de conocimientos en muchas áreas de estudio tales como los lenguajes de programación, sistemas operativos, gráficos por ordenador, ingeniería de software e inteligencia artificial. La puesta en práctica a través de un lenguaje de programación, depende del acceso a la tecnología, que es fundamental en la producción de juegos y está estrechamente relacionada con la producción de herramientas de desarrollo. Sin embargo, la producción de estas herramientas requiere de profesionales con diversas cualificaciones y de una cantidad de tiempo de trabajo muy significativo. Esto hace que una empresa desarrolladora de juegos tenga que adquirir una licencia para usar alguna herramienta desarrollada por terceros o desarrollar la base de su tecnológica, que a menudo aumenta significativamente los costos del proyecto.

Las herramientas de desarrollo incluyen la flexibilidad para poder distribuir una aplicación entre las diferentes plataformas existentes. Después de una revisión superficial, llegamos a la conclusión de que muchas de las herramientas disponibles en la actualidad, sobre todo las comerciales, tienden a ser entornos altamente especializados y eficientes en sus objetivos finales a expensas de la flexibilidad para soportar a los nuevos entornos. Como consecuencia, para que un desarrollador pueda distribuir sus aplicaciones a las plataformas nuevas tiene que realizar nuevas implementaciones en el proyecto, o incluso partes enteras del proyecto. Una vez más, este esfuerzo también representa un costo adicional, ya sea directo o indirecto.

Dadas las dificultades en la ejecución del juego o de la etapa de desarrollo, es posible que necesitemos hacer un estudio sobre la preparación y el uso de las herramientas para el desarrollo del juego que hacen que el proceso de creación de videojuegos y aplicaciones sean más ágiles y sencillas. Por lo tanto, los desarrolladores pueden pasar la mayor parte de su tiempo en tareas relacionadas con el producto en sí, en lugar de preocuparse por intrínsecamente a los entornos que se van a utilizar y de las tecnologías que se emplearán para los detalles de presentación.

Siguiendo esta línea, este libro presenta una propuesta de una herramienta de desarrollo que le ayudará a resolver los problemas que se presentan y que sirven como base para la construcción de nuevos videojuegos y aplicaciones. Optamos por el desarrollo con una herramienta del tipo Framework, el XNA Framework, que es un conjunto de clases que cooperan y proporcionan un diseño reutilizable para una categoría específica de aplicaciones. Por lo tanto, esta herramienta le permite disfrutar de los beneficios de la orientación a objetos, un paradigma que está ampliamente utilizado por la industria de los videojuegos.

Entre las posibles aplicaciones, el framework se puede utilizar para el desarrollo de juegos de arcade con fines comerciales o gratuitos y diversas aplicaciones que requieren del uso de gráficos y que manejan las interacciones del usuario. Los desarrolladores independientes pueden obtener de forma gratuita el XNA Framework para desarrollar sus productos, lo que reduce los costes de diseño.

El período de producción del juego se inicia desde la aprobación de los proyectos por los editores y la capacitación de todo el personal que trabajará en el proyecto, en algunos casos, durante los próximos 1 o 2 años.

En esta etapa los programadores de producción trabajan a toda máquina para desarrollar la lógica y los sistemas de cálculo, física y todo lo que implica el cálculo computacional del juego. Los artistas se centran en la producción de personajes, en la actualidad del mundo del modelado en 3D. Los ingenieros de sonido desarrollan efectos de sonido y los compositores, la banda sonora del juego. Los diseñadores de niveles trabajan para desarrollar escenarios apelando a las capacidades gráficas, probablemente ya que el juego se presentará en una demostración pública, y también en el diálogo principal en el juego.

Mientras tanto, la los diseñadores de juegos siguen trabajando en el diseño de nuevas características, sobre todo en los cambios de la documentación del juego. Más que eso, son los principales responsables de la dirección que el juego, si hay cambios en el guión principal, que personajes existirán, la trama de estos, entre otras cosas, lo que será el juego en sí. Por otra parte, también son responsables de determinar en qué plataformas saldrá a la venta el juego, y cual es el público principal consumidor del juego.

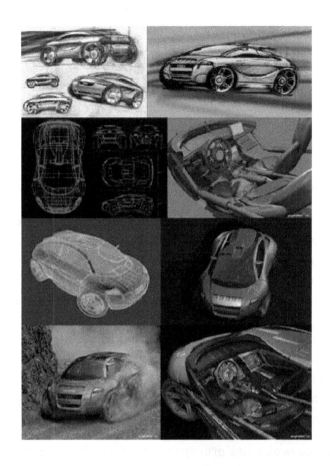

Algo interesante durante la producción total del juego es que, a pesar de que el equipo está en pleno apogeo, los primeros escenarios/niveles del juego tardan unos 8/12 meses en completarse. Durante este período, los diseñadores de niveles y artistas utilizan las herramientas desarrolladas internamente exclusivamente para el proyecto y para obtener una productividad total, el resultado es que al inicio de la producción del juego, se perderá más tiempo en el desarrollo de herramientas de desarrollo por el bien de la productividad que la producción del juego en sí.

No es infrecuente que un escenario desarrollado en el diseño inicial se vuelva obsoleto ya que el equipo ve que puede hacer más con mejores herramientas y técnicas que se perfeccionan con el tiempo. Desde entonces, el diseño de nuevos escenarios, personajes, etc. ocurre muy rápidamente y de manera objetiva.

Una vez que algo se puede jugar, entran en escena los probadores de juegos, que pondrán a prueba la física del juego, identificarán los errores, y analizarán los elementos del juego, entre otras cosas en desarrollo. Un juego durante el desarrollo de la primera parte requiere de una pequeña demanda de probadores de juegos, que pueden trabajar en varios proyectos al mismo tiempo. Sin embargo, cuando el juego se vuelve más robusto y acercándose a la versión final, el promotor contrata a equipos enteros probadores, que jugarán durante días enteros y, a menudo probarán los recursos adicionales y comprobarán si hay errores que comprometen el juego, como cuatro horas enteras.

Cuando los problemas principales son fijos, el tiempo para hacer la rutina de prueba final con el establecimiento de las negociaciones con los distribuidores que ofrecerán el juego en su versión de demostración para que el público puedan probarlo y dar su Feedback para poder hacer los ajustes finales.

En Youtube puede buscar un vídeo donde se muestra el estudio de Ubisoft Montreal, en concreto los equipos involucrados en el desarrollo de Rainbow 6. Especialmente los ambientes súper amplios destinadas a mejorar la comunicación entre los distintos equipos y cuántos son de "efectos de sonido". Vale la pena echarle un vistazo.

Metas y Objetivos

Durante la producción de un juego comercial, los productores, programadores y artistas siempre trabajan buscando metas y objetivos que tienen plazos que deben cumplirse.

No lograr estos objetivos implica una serie de consecuencias en función del proyecto, pero por lo general lo que ocurre primero es la pérdida de credibilidad y de reducción de los presupuestos de desarrollo del proyecto. Entonces, ¿cree usted que el trabajo de desarrollar del juego es sólo diversión?, está equivocado, es muy importante que se cumplan los plazos, no han sido pocas las veces que los equipos se están trabajando por las noches, la mayoría de las noches de la semana para satisfacer los establecido con los diseñadores de juegos y productores.

El E3 es un buen barómetro de la opinión pública a los promotores y, por tanto, dependiendo de la etapa de desarrollo del juego, se convierte en uno de los principales objetivos del equipo.

Un buen ejemplo de un objetivo a ser logrado es desarrollar una demo jugable para el E3 para resaltar el proyecto. Por eso, no pocas veces se mueve a todo el equipo de desarrollo para cumplir con este objetivo, ya que es considerado una prioridad. Cumplir con este objetivo es importante, no sólo porque es algo que va a ser presentado en una gran exposición o demostración, sino también porque esta muestra tiene una buena oportunidad de convertirse en una demo jugable que será distribuida oficialmente a las plataformas, horas y horas de ahorro de trabajar en el futuro.

Sólo por curiosidad, ¿sabía usted que en los EE.UU. los desarrolladores no pagan a los empleados las horas extras dedicadas por cumplir los plazos, al final del mes? Es triste, pero cierto.

Después de años de duro trabajo en el desarrollo del proyecto, el equipo finalmente llega a la línea de meta. El grado de avance en el desarrollo del juego es muy agotador, todo el equipo está agotado y frustrado con las horas extras que no han sido pagadas. Sin embargo, el foco debe mantenerse para que los problemas de última hora, errores inesperados y la tensión interna no arruine el diseño en sus últimas fases.

Esta es la etapa en la que los probadores de juegos trabajan a toda máquina, convirtiendo días y más días de probar el juego en busca no sólo de Bugs, sino también para probar la jugabilidad, el rendimiento y todo lo demás. La parte más difícil es llevar a cabo las pruebas llamadas pruebas de regresión, que buscan garantizar el funcionamiento correcto de las funciones que se han agregado al inicio del proyecto.

Las pruebas de regresión son extremadamente importantes, ya que es una característica que se agregó que está trabajando y lo seguirá siendo siempre. Comúnmente, por inexperiencia, los desarrolladores pueden añadir nuevas funciones al cambiar algunos archivos y modificar otras características mayores por casualidad. Si las rutinas de prueba no se ejecutan correctamente con el tiempo suficiente para llegar al consumidor será un juego con Bugs y eso puede poner echar todo por la borda. ¿Cuántos juegos conoces que tengan bugs flagrantes?

Después de realizar todas las pruebas y con la obtención de las garantías de que el juego está completamente listo, la distribución logística y la venta se activa de manera que todo el tiempo (alias dinero) invertido en el proyecto se compensará en la mayor brevedad posible. Una vez que el juego comienza a vender bien, las horas extras se pagan a los que entregaron sus noches y noches para cumplir con los plazos acordados.

...Y AHORA?

Su juego está terminado, está en las tiendas y está ganando algo de dinero, listo, ya está hecho y no tiene que preocuparse de nada más. No se equivoque, esto no es cierto. Ya, pero hoy con la actual generación de consolas de juegos, donde "nacen" en línea, es común que debido a la masificación de los juegos, algunos tengan errores que no fueron identificados por el equipo y que comienzan a aparecer.

En ese momento, el equipo de programación se reactiva para el desarrollo de parches de corrección que se descargan cuando empezamos el juego en la consola.

Además de eso, la etapa de mantenimiento implica el soporte a la planificación, se ofrecerá dicho soporte, se contrata personal para llevarlo a cabo, ya que los parches de corrección se llevarán a cabo, entre otras cosas, como el desarrollo del juego, su mantenimiento es extremadamente dinámico.

Como todos ustedes habrán notado, el proceso de desarrollo de un juego comercial es extremadamente complejo y dinámico. Aunque hemos hecho esta división "por encima", ya que se produce, no todo lo que se ha descrito se puede considerar regla. Los procesos a menudo se mezclan, se mezclan y forman un proceso enorme que es imposible de caracterizar.

Introducción a XNA

En 2006, Microsoft lanzó una plataforma sin precedentes para el desarrollo de juegos y aplicaciones gráficas en tiempo real, llamado XNA. Este es el primer desarrollo unificado para PC y consolas de Juegos.

Muchas compañías están adoptando esta plataforma para fines comerciales y muchos motores de juegos tradicionales están siendo migrados a este entorno. El éxito de la herramienta puede ser evidenciado por la gran cantidad de foros, sitios web y comunidades que surgen espontáneamente en el mundo. Además de su gran calidad técnica y la sencillez de la arquitectura propuesta, el hecho de que tiene versiones gratuitas para su distribución garantiza que una gran masa de desarrolladores independientes fijen su atención a XNA.

Su capacidad para producir aplicaciones sofisticadas en poco tiempo y con pocos recursos, hace que el XNA sea también una excelente plataforma para el desarrollo de la investigación y la educación, no sólo para el entretenimiento digital, sino que también se usa en otras áreas de interés académico, como la inteligencia artificial, la computación gráfica, redes y la interfaz hombre-máquina.

En términos académicos, también se suma el hecho de que su potencial puede ser utilizado para la enseñanza de las diferentes disciplinas de computación, las cuales pueden ser ya han sido probadas por varias universidades de prestigio en todo el mundo, adoptando XNA como parte fundamental en sus desarrollos.

Después de conocer las distintas áreas, las profesiones y el proceso de producción de la industria de los videojuegos, es el momento de ver la gama de tecnologías utilizadas por la mayoría de los desarrolladores indies de Xbox 360. La más importante de ellas es la tecnología XNA, en la que se centran las empresas independientes y pequeñas que poseen un capital de inversión limitado, pero no se rinden con la última tecnología.

Mirando la industria de los videojuegos, se observa que las noticias surgen con mayor frecuencia. De media, cada cinco años hay una nueva generación de consolas, un nuevo juego sale al mercado casi todos los días, cada hora salen rumores sobre una nueva plataforma o juego, cada vez más empresas están entrando en la industria.

Muchos pueden pensar, equivocadamente, que la evolución de la industria, y en consecuencia de los juegos, está ligada a la creciente facilidad en el desarrollo de los juegos, para construir nuevas plataformas, cuando en realidad toda esta producción no es más que una cuestión de marketing, de comercio y de facturación. Empaquetado por beneficios y ventas, los juegos son cada día más complejos. Pasamos rápidamente de gráficos 2D a 3D. Cada nueva generación promueve un salto artístico importante: los gráficos son cada vez más realistas, las bandas sonoras y los efectos de sonido son la envidia de muchas películas y obras de Hollywood, cuando un juego está bien desarrollado, hacen cada vez más secuelas. Es un hecho que con todo este avance y complejidad, los juegos son más difíciles y más caros de producir.

Sin tener en cuenta la mayor parte de los costes involucrados en el desarrollo de un juego y del querer llevar las cosas a la realidad del juego. Si usted quiere desarrollar cualquier juego, tendrá que pagar alrededor de U $ 15,000.00 para la compra del equipo llamado kits de desarrollo (Kits) para una plataforma específica. Ese precio se eleva, y mucho, si el objetivo es el desarrollo de una consola, va más o menos alrededor de U $ 80,000.00 de nuestro bolsillo.

Hace alrededor de un año un usuario de nombre "SuperDaE" anunció en eBay un kit de desarrollo supuestamente para la próxima generación de Xbox, también conocido como Durango. Sin embargo, nadie podría comprar el dispositivo, ya que, de acuerdo con SuperDaE, la venta fue bloqueada por Microsoft.

Muchas personas que se quieren iniciar en el área del desarrollo de juegos se sienten perdidos con la pregunta: "¿por dónde debo empezar?". Es un hecho que hay muchos cursos técnicos en algunas partes de España, aunque el desarrollo del juego suele requerir conocimientos de ingeniería. También existen varias herramientas y lenguajes de programación para que usted comience sus estudios sobre el desarrollo de videojuegos, lo que realmente pesa cuando llegamos a este punto es: "¿tengo tiempo y dinero suficiente para invertir en tecnologías que requieren una curva de aprendizaje muy grande?".

En los últimos cinco años, el gobierno español se ha dado cuenta de la importancia de los videojuegos en la economía e invirtió en la formación para las nuevas tecnologías conjuntamente con los programas de formación de la unión europea. Académicamente, el resultado fue la aparición de un mayor número de cursos (técnicos y superiores) para la formación de profesionales en esta industria. Sin embargo, la realidad todavía deja mucho que desear, especialmente en comparación con los cursos de otras instituciones en el extranjero.

Además, Microsoft ha desarrollado una iniciativa muy interesante llamada XNA que es un Framework específico para el desarrollo de juegos para Xbox 360 y para componentes de PC. Los principales activos de XNA son su baja curva de aprendizaje, la facilidad que ofrece para dibujar en el dispositivo en el que se está trabajando, y sobre todo es totalmente gratuito.

QUE ES XNA

Con el objetivo de proporcionar las tecnologías de desarrollo que fueron previamente casi monopolizados por los grandes de la industria del videojuego y también atraen a las pequeñas empresas, desarrolladores independientes y entusiastas, Microsoft decidió lanzar el XNA en 2006 como una iniciativa para facilitar y difundir el desarrollo de juegos digitales, ya sean para PC, o para la Xbox 360 o Windows Phone.

La gran ventaja de XNA es que proporciona a los desarrolladores un rico y poderoso entorno de muy bajo coste. Estos factores contribuyen a la creación de juegos innovadores y de buena calidad que se venden a precios inferiores a la media. En la foto una imagen del juego Indie Explosionade.

Algunas de las características clave de XNA están en que ofrecen un rico entorno de desarrollo, fácil de aprender y trabaja totalmente en el entorno de ejecución administrado.

Cuando hablamos de un completo entorno de desarrollo, estamos hablando de que XNA nos ofrece a través del XNA Game Studio integrado en Visual Studio, un entorno de desarrollo integrado, sin necesidad de usar varias herramientas para realizar las tareas que se pueden hacer en un solo lugar, en este caso, Visual Studio.

A aprender a utilizar el lenguaje de programación C# es fácil, que tiene como principal característica la similitud con los lenguajes

C/C++ y Java, lo que disminuye considerablemente la curva de aprendizaje para los desarrolladores de estos lenguajes. Incluso para aquellos que nunca han programado, C# es muy amigable y tiene un vasta biblioteca que contiene todos los detalles del lenguaje, y una fuerte presencia en la comunidad MSDN, el portal de desarrolladores de Microsoft. Al igual que C#, XNA tiene una fuerte comunidad de estudiantes y de profesionales, Xbox Live Indie Games. Lo que facilita el aprendizaje de esta tecnología.

El hecho de que todo el código escrito para los juegos de XNA se ejecutan en entorno de ejecución administrado es uno de los aspectos más destacados de la facilidad de desarrollo con esta tecnología. Al utilizar el .NET Framework mediante el XNA Framework, el desarrollador se libera de tener que preocuparse de las arduas tareas que no forman parte de la idea, el diseño de su juego. Por ejemplo, en el desarrollo de juegos sin soporte de un framework con lenguajes de programación como C/C++, a menudo el desarrollador tiene que preocuparse y desarrollar técnicas para la optimización del rendimiento, gestión de memoria, procesamiento de gráficos y ese tipo de cosas que simplemente no son parte del mismo proyecto.

El uso de un framework hace que el desarrollador pueda centrarse en la solución de su juego. Esta es la parte "aburrida", la de escribir líneas de código que se ejecutará en niveles muy cercanos a la máquina que, sencillamente, puede ser visto como una biblioteca de pre-testeo que pretende simplificar el desarrollo de una instrucción de software. Aun así, esto no quiere decir que a veces no sea necesario escribir código para ajustar o mejorar algo, pero esto es muy poco frecuente, sobre todo en los proyectos pequeños.

Por lo tanto, XNA es una alternativa muy atractiva para aquellos que buscan iniciarse en el desarrollo de videojuegos. Ofrece todas las herramientas necesarias, hay una comunidad que apoya la tecnología y los conocimientos necesarios para empezar son mínimos y fáciles de aprender.

Descripción general de XNA

A diferencia de lo que ocurre en un estudio de desarrollo de juegos, donde hay una necesidad de desarrollar programas específicos, máquinas específicas para ejecutar estos códigos y todo lo demás que viene en Kits, básicamente lo que se necesita para desarrollar en XNA es un equipo que ejecute Windows, y que tenga instalado Visual C# Express Edition (gratuita) y XNA (gratuito), eso es todo.

En general, XNA está organizado de la siguiente manera:

Los requerimientos mínimos para usar XNA son:

- Para desarrollar aplicaciones y juegos:

- Windows XP SP2 o superior

- Visual C # 2008 Express Edition o la versión profesional

- DirectX Runtime

- Para ejecutar aplicaciones y juegos:

- Placa compatible con DirectX 9.0 y Shaders 2.0

- XNA y DirectX Runtime

- PC: Windows XP SP2 o superior

- Xbox 360: debe tener disco duro

- Zune: listo para ejecutar

XNA Framework

Es el principal responsable de simplificar el desarrollo de juegos para Windows y para la Xbox 360 y para Windows Phone. El uso de un framework es lo que da un código administrado escrito en el entorno XNA.

En el caso de XNA Framework, las instrucciones se basan en el .NET Framework y atienden específicamente a las rutinas principales del desarrollo del juego, que tiene varias capas específicas, que vamos a discutir en el próximo capítulo.

Para el desarrollo de juegos para PCs con Windows, XNA se basa en la versión estándar de .NET Framework. Ahora, para la Xbox 360 y para Windows Phone, debido a su arquitectura específica, llamada la versión compacta, se usa el .NET Compact Framework.

El entorno de desarrollo que implica proporcionar XNA son:

- **Framework**: el XNA Framework tiene las habilidades necesarias para crear un juego que puede ser tanto en 2D como en 3D;

- **Gestión de contenidos**: XNA Content Pipeline, se compromete a gestionar la conexión entre los recursos producidos por los artistas (modelos, texturas, sprites, etc.) y el código del programador;

- **Entorno de desarrollo integrado (IDE)**: XNA Game Studio Express, basado en Visual C# 2005 Express. (Versión gratuita para estudiantes, aficionados y desarrolladores independientes) o XNA Game Studio Professional (para desarrolladores profesionales);

- **Herramientas de audio específicas**: XNA y XACT XACT Audio Authoring

El conjunto de las clases especificadas y creadas específicamente para el desarrollo de juegos se divide siete espacios de nombres, que son los que se describen a continuación:

- **Microsoft.Xna.Framework.Audio**: Son clases, estructuras y enumeraciones relacionadas con el API XACT, capaz de manipular archivos generados por este.

- **Microsoft.Xna.Framework.Content**: Son las clases para hacer frente al Content Pipeline en tiempo de ejecución. Permite entre otras cosas, usar contenidos como imágenes, modelos 3D, archivos XML, etc. Los recursos utilizados para deberán ser importados antes del comenzar el diseño.

- **Microsoft.Xna.Framework.Design**: Son las clases que permite la conversión entre tipos de valores.

- **Microsoft.Xna.Framework.Graphics**: Dice qué clases proveen del acceso al hardware de los gráficos para poder usar en el juego, lo que permite una abstracción utilizando la API de DirectX.

- **Microsoft.Xna.Framework.Input**: Son clases, estructuras y enumeraciones relativas a la manipulación de los datos de entrada como el ratón, el teclado y gamepad.

- **Microsoft.Xna.Framework.Storage**: Son las clases con los permisos de archivos de lectura y escritura, y la abstracción de los dispositivos de almacenamiento.

- **Microsoft.Xna.Framework**: Son las clases contemporáneas, interfaces, estructuras y enumeraciones consideradas básicas, tales como game, GameComponent, BoundingFrustrum, GameTime, GraphicsDeviceManager etc.

VISUAL STUDIO

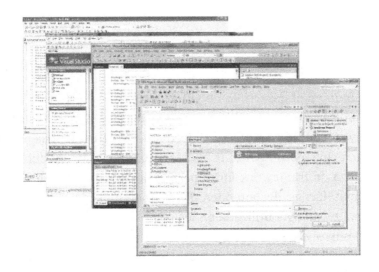

En el desarrollo de algo en cualquier lenguaje de programación, usted puede optar por utilizar las cosas para escribir su código, a partir de un papel y un lápiz, en el ordenador portátil o en un entorno de desarrollo completo (también conocido como IDEs). La gran diferencia entre estas formas de desarrollo son las facilidades ofrecidas por los entornos de desarrollo.

Visual Studio es el IDE líder para el desarrollo de soluciones con tecnologías de Microsoft, y XNA, integrado en Visual Studio a través de XNA Game Studio, utiliza sus instalaciones para hacer del desarrollo de los videojuegos algo más sencillo. En Visual Studio, el desarrollador es capaz de gestionar todo el proyecto, a partir de los archivos de código, archivos multimedia, modelos 3D, motores, y ejecutar los juegos en busca de bugs (debbuging), ¿Qué es lo que tienen los kits de desarrollo mencionados anteriormente?

CONSIDERACIONES FINALES

XNA es una excelente alternativa para aquellos que están empezando en el desarrollo de videojuegos. Por supuesto que no es la única alternativa libre que existe en el mercado, hay iniciativas con Java, C/C++, Objective-C y otros lenguajes de programación, pero XNA es más didáctico, precisamente debido a que utiliza un framework única para el desarrollo y esto hace las cosas más fáciles de entender. Para tener una idea, XNA es la principal tecnología utilizada en los cursos de educación superior en el desarrollo de videojuegos en los EE.UU., ganando impulso y una notoriedad cada vez mayor también en los centros de formación españoles.

Contrariamente a lo que mucha gente pueda pensar, no sólo se pueden hacer juegos 2D, simples y tontos al desarrollar en XNA, al contrario. Con XNA se pueden desarrollar juegos en 3D, con módulos para multijugador en línea y de todo lo demás se "hace cargo" el Framework. Aquellos que deseen echar un vistazo a las posibilidades de desarrollo con XNA pueden echar un vistazo al Starter Kits disponible en Xbox LIVE Indie Games.

¿Sabía usted que Bastion, Fez, Skulls del Shogun and Dust: An Elysian Tail fueron desarrollados en XNA?

La pérdida en rendimiento para juegos desarrollados en lenguajes como C/C++, fue cierto durante algún tiempo, pero dejó de ser un problema con XNA, que tiene todo su procesamiento de bajo nivel realizado por las bibliotecas de DirectX. E incluso si eso fuera un problema, los principales desarrolladores, como Tim Sweeney (Fundador de Epic Games), dice que "la productividad es tan importante como el rendimiento" y "con mucho gusto podríamos sacrificar el 10% de nuestra ejecución del 10% de los de alta productividad".

Para ustedes que tienen curiosidad, ganas de ensuciarse las manos y ahora quieren arriesgar sus primeros pasos con XNA, podrá encontrar de forma gratuita, todas las herramientas necesarias para comenzar sus estudios en sección de descargas Xbox LIVE Indie Games.

Es importante darse cuenta de que se puede desarrollar videojuegos para su Xbox 360 de forma gratuita, si usted tiene una XBOX360 con un disco duro. Sin embargo, para distribuir/vender sus videojuegos en la tienda de XBOX, deberá tener una suscripción a LIVE Indie Games, que tiene un coste de $ 99.00. Como desarrollador independiente, o pequeña empresa, Microsoft le pagará un porcentaje de las ventas de su juego, y de igual manera que hace Apple con las aplicaciones para el iPhone, por ejemplo. Sin embargo, el objetivo de este libro no es el desarrollo de juegos para la distribución/venta de estos en online, sino darles a conocer el desarrollo de juegos utilizando las tecnologías de XNA.

Con este capítulo es posible tener una visión general de la plataforma que se utiliza para aprender a desarrollar juegos para

PC, Xbox 360 y Windows Phone. En el próximo capítulo, vamos a explorar las capas del XNA Framework para comprender cómo funciona y qué servicios nos proporciona el XNA a la hora del desarrollo de videojuegos.

Las Capas de XNA

Cuando se inicia un proyecto en una nueva tecnología, es necesario conocer bien la forma en que se organizan y conocen sus principales características. Prepárese para sumergirse en el marco de trabajo y empezar a desarrollar su juego con XNA.

La evolución del desarrollo

La profesión del desarrollador de software nunca ha sido tan fácil. Además de la responsabilidad que tiene y las responsabilidades del día a día, todavía tienen que mantenerse al día, y peor aún, ser responsable de la evolución del arte de la creación y desarrollo de soluciones. Desde el principio el desarrollador tiene que hacer frente a la terquedad de su compañero de trabajo principal, que dificulta más que ayuda: la computadora.

En los primeros días hubo una lucha constante contra el fallo de procesamiento y el almacenamiento de las máquinas. ¿Cómo desarrollar una solución convincente que responda a las necesidades del mercado con tan poco? Si no había condiciones para el desarrollo de los procesadores de textos simples, ¿como desarrollarán los juegos? Por otra parte, como ya hemos visto, era algo que se consideraba una pérdida de tiempo (léase dinero).

Incluso con todas las instalaciones disponibles en la actualidad, el desarrollo de videojuegos todavía es una tarea muy complicada.

Ahora imagínese, con computadoras gigantescas, con poco poder de procesamiento y las tarjetas perforadas.

Sin embargo, la insatisfacción humana constante nos ha hecho evolucionar. Poco a poco, las computadoras (y tecnología en general) comenzaron a ayudar a las personas que trabajan con estas, si se puede decir así. Hoy en día contamos con ordenadores lo suficientemente potentes para, por ejemplo, el desarrollo de producciones cinematográficas impresionantes y juegos que nos dejan con la boca abierta.

Sin embargo, esto no ha sido sólo una cuestión de hardware, sino también software. Después de todo, ¿de qué sirve tener una máquina de gran alcance si tuviéramos que seguir desarrollando en una pantalla en blanco y negro como antes?

Naturalmente surgieron herramientas que facilitaron el desarrollo de todo tipo de soluciones, incluyendo los juegos. Como hemos hablado en anteriormente, existen numerosas iniciativas que hacen más fácil, agradable y divertida esta ardua tarea. Entre estas iniciativas quizás la más importante es el Microsoft XNA.

Evolución a XNA

XNA es una de las principales iniciativas de la industria del videojuego para hacer más sencillo el complejo proceso de desarrollar videojuegos. A pesar de estar encabezado por Microsoft, XNA escapa por completo del modelo tradicional de la multinacional gigante de Redmond. Todas las herramientas para desarrollar en XNA son gratuitas, no pagara ni un centavo por desarrollar para PC, XBOX 360 y Windows Phone, y muy, muy poco de hecho, para distribuir sus juegos en vivo.

Lanzado oficialmente en 2006, la idea de XNA ya había estado en desarrollo desde 1995, cuando Microsoft lanzó la primera versión de DirectX en Windows 95, a través de MDX (DirectX administrado) hasta nuestros días con XNA.

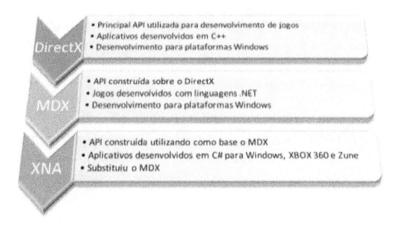

La idea de XNA ya se estaba desarrollando desde el momento del lanzamiento de Windows 95 y la primera versión de DirectX. Muchas de las ideas que surgieron en ese momento estaban siendo trabajado y se han vuelto a trabajar hasta el lanzamiento de la tecnología XNA en el 2006. La figura anterior muestra cómo las cosas han ido evolucionando con el tiempo.

El uso de la API permite a los programas utilizar los servicios ofrecidos por otros desarrolladores o estudios de desarrollo, pero sin estar involucrado con los detalles de la implementación de este servicio. Llevado a nuestra vida diaria, es como si tuvieras una empresa y de repente no tubieras que preocuparte por la parte de los servicios centrales ya que contratas a un tercero para llevar a cabo dicha actividad diaria.

XNA agregado todas las API de DirectX y MDX y además incluye otras APIs desarrolladas exclusivamente para XNA, por lo que el uso de las API de DirectX y MDX se ha hace mucho sencillo el tener que desarrollar.

Imagine que, al igual que en su empresa que subcontrata la mano de obra para los servicios centrales, usted sólo debe preocuparse por decirle a XNA como el "servicio" debe ser ejecutado, sin preocuparse por la forma en la que se están pagando, si aumenta su cartera de trabajo y así sucesivamente. Sólo decir cómo deben hacerse las cosas al XNA y este será el responsable de hacer el resto.

Hace unos meses Microsoft realizó una vaga declaración en la que dijo que no hay planes para lanzar una nueva versión de la tecnología en un futuro cercano. Si tenemos en cuenta que la compañía está trabajando en el diseño de Durango (que podrían ser sus consolas de nueva generación), de repente, la declaración no tiene mucho sentido, ya que se espera que una versión mejorada de XNA sea lanzada en no mucho tiempo. XNA es la puerta de enlace que Microsoft ofrece a la industria Indie.

LAS CAPAS DE XNA FRAMEWORK

Anteriormente se presentaron los principales componentes de XNA, así como framework, el principal responsable de que todo el trabajo sea más fácil. También se vio que libera al desarrollador de la "parte aburrida" del desarrollo de aplicaciones, juegos y soluciones más engorrosas. Sin embargo, no se ve ni se explicó que hace que todo este trabajo sea más sencillo, el framework se divide en varias capas, cada una con sus correspondientes actividades específicas.

Como vemos a continuación, el XNA Framework tiene las siguientes capas:

JUEGOS

La capa de juegos son los kits de iniciación y juegos que están listos para el uso y para extender la aplicación. Es decir, tanto que sirve como destino final o punto de partida para ser ampliado y desarrollado. Hay un gran número de kits de iniciación disponibles y de vez en cuando aparece en una nueva en el Xbox Live Indie Games.

Todavía en la capa de juego, el desarrollador será el responsable de escribir líneas de código del juego y también todo su contenido:

desde los sonidos y efectos de sonido a los modelos 3D y texturas, todos los cuales son importados de otras aplicaciones para XNA Game Studio. Todavía hay componentes que son desarrollados por la comunidad y están disponibles a través de descargas sonline para que cualquiera pueda hacer uso de ellos, es añadirlos al proyecto, y ya pueden ser modificados.

Racing Game es uno de los varios kits de iniciación disponibles en Xbox Live Indie Games. Al descargar uno de los kits de iniciación, usted recibirá todo el código fuente del juego y puedrá hacer con él lo que quiera: estudiar, modificar, mejorar, lo que sea.

EXTENSIÓN

En XNA Framework la capa de extensión tiene dos componentes importantes de la herramienta, el Modelo de aplicaciones y el

Content pipeline. Juntos, son los principales responsables de hacer que el trabajo de los desarrolladores sea más fácil.

El modelo de aplicación es responsable de la creación y la gestión de ventanas del juego, que es el que inicializa DirectX, tus componentes 3D, audio, de entrada, entre otros. Además, es responsable de la gestión del bucle (Ciclo) para ejecutar el juego. Pensando en el diagrama de flujo de un juego simple (imagen de abajo) y el análisis, uno se da cuenta de que, una vez dentro del juego en sí, se va dando vueltas y vueltas hasta que se alcanza el objetivo principal del juego. El modelo de aplicación es quien gestiona todo esto, como responsable de "escuchar" todas las acciones en el juego para ver lo que está haciendo, lo que debe hacerse a partir de lo que ya se ha hecho, comprobar que ales fines que "desbloquean" un área del juego se hayan cumplido y, por último, si se cumplen todos los requisitos para completar el juego.

Siguiendo con el modelo de aplicaciones, cuando se crea un nuevo proyecto de juego, ya proporciona las primeras líneas de código, con comentarios que ayudan al desarrollador a entender la estructura lógica de XNA.

El Content pipeline es el componente que proporciona las herramientas para procesar todo el contenido que va a ser parte de nuestro juego. Él es el responsable de tratar con texturas, con modelos 3D, con los ajustes de sonido, etc. También es responsable de la mejora de todos los contenidos que se importan en el juego. Gracias a que los desarrolladores están utilizando cada vez menos líneas de código para manejar el procesamiento de los contenidos del juego, algo que por lo general da mucho dolor de cabeza.

El Content pipeline también es responsable de la importación de diferentes tipos de contenido a través de varios fabricantes

Importers y exportarlas a archivos binarios que se utilizará en los juegos a través de Exporters.

Los contenidos permiten la conversión a código administrado que la aplicación puede leer en tiempo de ejcutción. Esta transformación sucede, cuando el archivo pasa por una serie de etapas hasta llegar al producto final, que son como siguen: importador, procesador, compilador y Loader.

- **Importer**: transforma el formato del archivo original a un formato intermedio que utiliza etiquetas XML.

- **Processor**: a partir del archivo generado por el importer, el procesador traduce y genera la salida como código fuente C # con la descripción del contenido.

- **Compiler**: con el código fuente del Procesador del contenido generado, el Compiler hace la compilación, generando código MSIL que podrá ser usado en tiempo de ejecución.

- **Loader**: cargar el contenido compilado solicitado.

Su API está bien documentado y se encuentra en la ayuda en XNA.

NÚCLEO

Como su nombre indica, es la capa principal de XNA Framework. Sus componentes proporcionan los recursos para las diversas acciones de juego.

Los Graphics proporciona la capacidad para trabajar a bajo nivel, todo se ejecuta en la parte superior de Direct3D. Entre sus muchas características, destacamos la model, mesh, bones, texturas y efectos, y shaders. El componente de gráficos también proporciona la capacidad BasicEffects que facilita la presentación de los objetos en 3D en la pantalla y SpriteBatch para la manipulación de partículas y gráficos 2D.

El objetivo de Gráficos en XNA es dibujar gráficos en la pantalla, sin importar su tipo. Con el uso de Direct3D, la gráfica es capaz de dibujar en 2D, 3D e incluso shaders. Abajo vemos el dispositivo gráfico de representación con Windows Phone 7.

Brevemente, shaders son un conjunto de instrucciones que definen el comportamiento de la superficie de los objetos. Son responsables, por ejemplo, por los efectos de la carrocería de un automóvil de acuerdo con la posición de la luz, el complejo movimiento del agua y la "danza" de las llamas de fuego. Puede parecer una tontería, pero en la actualidad estos son algunos de los principales retos de los desarrolladores de juegos. Fuera muy conocido que El cabello de Lara Croft recibió un shader específico para que fuera lo más natural posible, y lo consiguieron.

Los componentes de Audio de XNA están todos basados en XACT, que permite a los diseñadores y programadores de audio trabajar en colaboración con los desarrolladores. Imagínese lo que es que usted tenga un intérprete que es capaz de integrar dos equipos con una mecánica que no se conocen, que no hablan el idioma de cada uno y cada una funciona a su manera.

Los componentes Input son responsables de obtener todos los inpulsos proporcionados por el usuario en el momento de la partida. Es él quien "escucha", por ejemplo, pulsar los botones en el control y dirigir el flujo de esta información para llevar a cabo una acción específica. XNA tiene soporte nativo para teclados, ratones, control o pad de Xbox 360, así como la guitarra, tambores, volantes y pedales.

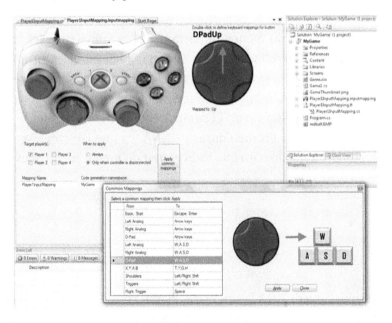

XNA tiene una biblioteca destinada a mapear completamente todas las acciones de entrada realizadas por el jugador, ya sea mediante el teclado, control o pad o una guitarra. Con él usted puede también enviar comandos al control de la reacción, por ejemplo, cuando el control debe vibrar y en qué intensidad.

El componente Math ofrece una amplia gama de cálculos predefinidos y funciones matemáticas para trabajar con la gestión de colisiones, física y definición de vectores, matrices, planos, esferas y todo lo relacionado con las matemáticas.

El componente Store proporcione una fácil de lectura/escritura de datos, ahorrando la eficiencia de los juegos y es compatible con múltiples dispositivos de almacenamiento y con los perfiles en la Xbox 360.

Por último, pero no menos importante, el componente Network hace que el desarrollo del juego sea más fácil en el entorno en línea, que ofrece formas sencillas de conectar el juego entre la Xbox 360 y el PC o las conexiones locales en una red local o directamente a XBOX Live! El componente network es uno de los más fuertes y más prometedores de XNA, ya que la propuesta de desarrollar un juego para que todo el mundo juegue en línea es un reto en sí mismo.

PLATAFORMA

La última capa de XNA Framework, Plataforma, es una virtud de la cual se basan todos los componentes que se han visto hasta ahora. Sin esta plataforma, nada de esto sería posible porque todas las demás capas hacen uso, de alguna manera, este componente.

Usted vio que para todos, o casi todos, XNA tiene una solución lo suficientemente simple para no desanimar a los desarrolladores en los primeros pasos de su aventura en el mundo de los videojuegos. Desde mi experiencia personal, yo digo que desarrollar en XNA no es difícil. Es divertido.! Por supuesto, la calidad del juego que se quiere desarrollar dependerá de su ambición, tiempo y dedicación. El hecho es que XNA en sí si que es productivo.

Hay varios ejemplos de juegos desarrollados en XNA que se hicieron en 4 días por una persona. Este es el caso AbduX (Desarrollado por el brasileño Andre Furtado) y Dungeon Quest (Esta desarrollado para 2 personas - 1 desarrollador y 1 diseñador).

Debido a la facilidad y a la productividad que ofrece para aquellos que estudian y trabajan con él, XNA está siendo cada vez más adoptado en la educación técnica y superior. La plataforma es muy prometedora y accesible a todas las personas jugadores que deseen iniciar sus estudios para desarrollar y producir su propio juego. Vale la pena el tiempo y dedicación para aprender XNA y tal vez logre algún inversor local o extranjero, o mediante el crowding (como kickstarter, por ejemplo) financie sus proyectos.

Acabamos de ver XNA, en forma teórica, su organización, funciones, capas y componentes. Ahora vamos a empezar a trabajar con el lenguaje de programación, Visual Studio y con XNA Game Studio. Y, finalmente, empezaremos a escribir las primeras líneas de código en nuestro juego. Espero que esta parte le sea más divertida.

Conceptos de Programación

Hasta ahora hemos podido aprender sobre el XNA, cómo está organizada, sus capas, ventajas y posibilidades. Ahora ya supongo que ya tiene una buena base teórica para ayudarle a seguir adelante en los próximos capítulos. De aquí en adelante, preparese para ensuciarse las manos y llevar sus conocimientos teóricos a la práctica. Así que ahora prepare el equipo y vamos a empezar a programar para XNA.

Preparar el entorno de desarrollo

En este capítulo vamos a crear un proyecto de XNA en blanco, analizar su estructura y comprender los conceptos básicos que hay detrás del juego.

Así que si usted puede, prepare lo necesario para preparar el equipo para el trabajo pesado e instalar el software que en el futuro serán sus herramientas de trabajo y estudio. Para ello, descargue e instale el Microsoft Visual C# 2010Express y XNA Game Studio. Son gratuitos. Después de descargar los dos, primero instale el Visual C# 2010Express y después el XNA Game Studio.

Si está utilizando Windows 8, entonces puede tener algunos problemas al instalar el XNA Game Studio. Este error se produce debido a que el Game Studio se puede instalar como una versión de Games for Windows-LIVE backstage. El problema es que hay falta de correspondencia entre los juegos para Windows-LIVE que están tratando de instalar XNA y Windows 8, y esto se puede corregir descargando e instalando las últimas versiones y parches tanto de Windows como de XNA.

Tras finalizar las actualizaciones, sólo tiene que tratar de instalar XNA Game Studio de nuevo y debería funcionar.

El primer contacto con Visual Studio

Después de unas instalaciones adecuadas, abra el proyecto de Visual C# 2010Express y una ventana similar a la siguiente imagen debería aparecer. Clic Archivo-> Nuevo-> Proyecto (O pulse Ctrl + Shift + N) Para crear un nuevo proyecto. En la ventana que aparece, seleccione la opción XNA Game Studio 4.0 y seleccionar las plantillas Juegos de Windows (4.0) (Segunda imagen a continuación).

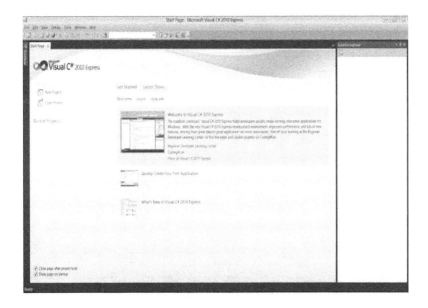

Esta es la primera pantalla que verá de Visual Studio. A la izquierda, observe las opciones para crear un nuevo proyecto o abrir uno existente.

En el campo nombre se define el nombre de este proyecto y su ubicación, y el nombre de la carpeta donde se guardará el proyecto, elija el nombre y la carpeta que desee y pulse Aceptar.

En la pantalla de creación del proyecto, puede seleccionar una de las numerosas opciones de diseño. La idea de la selección de un tipo de proyecto es que Visual Studio crea una estructura básica que le puede ayudar a dar los primeros pasos en su desarrollo.

Después de que el proyecto haya sido creado, presione F5 en su teclado para compilar y ejecutar el juego. Por supuesto que no aparece ningún juego, en su lugar, aparece una pantalla azul aburrida, que indica que está listo para desarrollar su primer juego con XNA. Cierre la ventana azul y vuelva a Visual C# 2010Express y observe a la derecha, la solapa Explorador de soluciones nos muestra varios archivos y carpetas (imagen de abajo).

El Explorador de soluciones es la ficha más importante de todas en Visual Studio. Aquí puede gestionar todos los archivos que forman parte de su proyecto.

Tenga en cuenta que con los archivos de imagen Game.ico y GameThumbnail.png su proyecto se creó con dos archivos con extensión .cs (Program.cs y Game1.cs), que son archivos de código C#. Se creó también una carpeta con el nombre Contenido que va a almacenar todo el contenido del juego, como por ejemplo los sonidos, las imágenes, modelos 3D, texturas, etc.

Antes de entender la estructura de archivos del código de XNA, revisemos un poco de estructura básica de un juego.

ESTRUCTURA GENÉRICA DE UN JUEGO

Anteriormente ya vimos un diagrama de flujo básico de cómo funciona el juego, y se le dijo que una vez dentro de él, usted estará "dando vueltas" dentro de sí mismo realizando las comprobaciones de que se cumplieron todos los objetivos por lo que ya se puede llegar al final del juego. Dicho esto, ahora verá esta idea desde un punto de vista más técnico.

La lógica central de cualquier juego incluye la preparación del entorno en el que se ejecutará, el juego se ejecuta en un bucle hasta que se alcanza el final del criterio de coincidencia, y finalmente se lleva a cabo la limpieza de ese entorno. Si esta estructura se representa técnicamente se puede construir el siguiente pseudocódigo:

1. La inicialización de los gráficos, el sonido y dispositivos de entrada;

2. Cargar los recursos;

3. Comienzo del bucle del juego. Cada bucle:

4. Capture los comandos de jugador;

5. Lleve a cabo los cálculos necesarios (AI, movimientos, detección de colisiones, etc.)

6. Compruebe si se ha alcanzado el final del juego, cumpliendo todos los criterios, de ser así, el bucle finaliza;

7. Dibujar gráficos en pantalla, generar sonidos y las respuestas a los comandos del reproductor;

8. Finalizar los gráficos, los dispositivos de entrada y de sonido;

9. Liberar los recursos (tarjeta de vídeo, memoria y CPU).

Por supuesto, esta es una visión muy simplista, pero ya da una buena visión general de cómo "construir" el código de nuestro juego. Antes de XNA, los desarrolladores no estaban preocupados sólo de esta estructura, sino también de cómo podría funcionar esto, se debe pensar también en todos los detalles minuciosos que no formaban parte del proyecto de desarrollo del juego en sí.

Volviendo a Visual C# 2010Express, observe los archivos Game1.cs y Program.cs. Dease cuenta de que tienen métodos que le permiten decir que la estructura de los juegos de XNA es muy similar a la estructura del pseudocódigo que vimos antes. Sin entrar en detalles por ahora, tiene el siguiente pseudo-código en dos archivos:

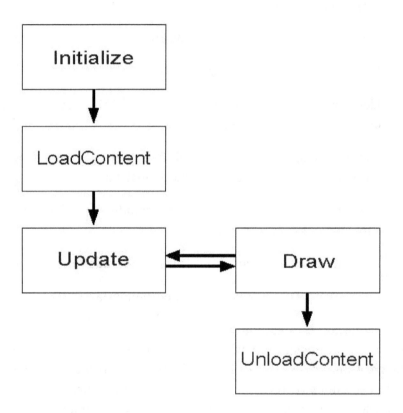

En programación, un método es una subrutina que se ejecuta para realizar alguna tarea específica, como realizar algún cálculo complejo.

- **Game1 ()** – Básico, inicialización (Game1.cs);

- **Initialize ()** - Inicia el juego (Game1.cs);

- **LoadContent ()** - inicializa y carga las capacidades gráficas (Game1.cs);

- **Run ()** - Arrancar el bucle de juego (Program.cs). Cada bucle:

- **Update ()** - Captura los comandos del jugador, realiza cálculos y verifica si se cumplen los criterios de la fase final(Game1.cs);

- **Draw ()** - Dibuja los gráficos que aparecen en pantalla (Game1.cs);

- **UnloadContent ()** - Libera los gráficos.

Consejo: En el archivo .cs de su proyecto, XNA genera la estructura básica del juego con un comentario para cada uno de estos métodos. Los comentarios, que están entre las etiquetas <Summary>, así podemos saber mejor lo que hace cada uno.

Ahora vamos a analizar los métodos del archivo Game1.cs con más detalle.

Inicio del juego

Tenga en cuenta el siguiente fragmento de código:

Public class Game1: Microsoft.Xna.Framework.Game

}

```
GraphicsDeviceManager Graphics;

SpriteBatch spriteBatch;

/

Public Game1()

{

        Graphics = new GraphicsDeviceManager(this);

        Content.RootDirectory = "Content";

}

}
```

En este código se puede ver que la clase Game1 está definida y creada, teniendo como una clase padre Microsoft.Xna.Framework.Game, lo que le permitirá trabajar con gráficos, sonidos, controles y cálculos de lógica para nuestro juego.

En programación la clase es una estructura que describe un conjunto de características y comportamientos de un objeto. Es difícil de explicar algo tan lleno de conceptos en un espacio tan pequeño como este, por lo que le recomendamos la lectura de algún artículo introducción a la programación orientado a objetos para entender mejor algunas de las explicaciones que se verán aquí.

Para un ampliar nuestros conocimientos, internet está lleno de tutoriales sobre la orientación a objetos que se pueden descargar de forma gratuita y estudiar más a fondo.

Poco después se definen e inicializan dos objetos de tipo GraphicsDeviceManager y SpriteBatch, para ello se utilizará el texto y las imágenes 2D de la pantalla del juego, mientras que le dan acceso a los recursos del administrador de dispositivos gráficos para que pueda trabajar con los gráficos del juego.

Además, está la definición de la raíz donde está la carpeta con todo el contenido del juego, esto es importante ya que es a partir de aquí cuando va a tener acceso al gestor de contenidos de juegos.

Nota: Siempre que sea posible, trate de examinar el texto y explicarlo de la manera más sencilla posible. Sin embargo, es importante tener un conocimiento básico de programación orientada a objetos y de paradigmas. Si usted tiene un verdadero interés en el tema, le recomiendo que descargue y lea algunos artículos sobre algoritmos, técnicas de programación y orientación a objetos.

El Administrador de dispositivos gráficos

Como su nombre indica, el administrador de dispositivos gráficos va a tratar directamente con la capa gráfica del dispositivo. Incluye métodos, propiedades y eventos que le permiten consultar y cambiar esta capa. En pocas palabras, es el director, que le dará acceso a los recursos de la tarjeta de vídeo.

Una vez más, XNA se encargará de que la tarjeta de video funcione correctamente con el juego. Con la clase GraphicsDeviceManager de XNA, toda la preocupación, la complejidad y el detalle de trabajar con una tarjeta de vídeo se desvanece. Por ahora, lo que hay que tener en cuenta es que siempre utilizará el objeto creado a partir de la clase GraphicsDeviceManager para llevar a cabo cualquier operación de gráficos.

El Gestor de contenidos

El Gestor de Contenidos es una de las características más interesantes de XNA. La forma en que está diseñado permite importemos cualquier contenido desde diferentes herramientas para el juego. En los juegos que no utilizan los desarrolladores de XNA tienen que preocuparse de cómo cargar dicho contenido, donde se almacena ese contenido, si existen las bibliotecas correctas para importar y ejecutar y una serie de dolores de cabeza innecesarios más.

El gestor de contenidos XNA gestiona todo el mensaje, por lo que este doloroso proceso se hace muy agradable. Básicamente lo que hace es importar el contenido, lo procesa con el compilador para generar el contenido y un archivo de contenido (con extensión .XNB) que será utilizado por el juego.

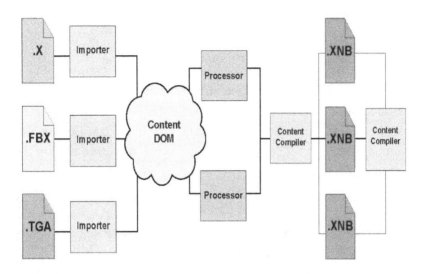

El diagrama de flujo de la canalización de contenido (content pipeline) le dará una idea de cómo se desarrollan la gestión de contenidos en XNA. Veremos esto con más detalle más adelante.

Lo más interesante es que, a pesar de que abarca una gran cantidad de formatos de archivo, aún puede desarrollar sus propios compiladores de trabajar con un contenido específico creado por alguna herramienta que apoya XNA no ha (incluso ahora hay una buena biblioteca, además Xbox Live Indie Games). Vamos a discutir más sobre esto en otras reuniones.

LOS MÉTODOS DE INICIO DEL JUEGO

Volvamos al principio de este artículo. Considere el pseudo-código que contiene los métodos generados y utilizados por XNA y se dará cuenta de que hay dos inicializaciones del juego y cuyos efectos no han sido completamente explicados. Antes de iniciar el desarrollo del juego en sí, es necesario entender el por qué de estas dos rutinas de inicialización.

El método Initialize () se llama sólo una vez cuando se ejecuta el método Run () (Que comienzo al bucle del juego). En el método Initialize ()se trabajan las rutinas de inicialización de los componentes no gráficos del juego, tales como la preparación del contenido de audio.

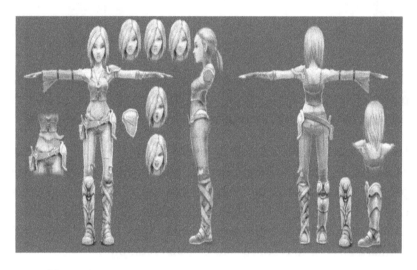

Los gráficos deben ser cargados en un método diferente, porque a veces el juego tiene que rellenarlos. Para que el juego funcione en un entorno óptimo, los gráficos se cargan de acuerdo con la configuración de su tarjeta de vídeo. Al modificar la configuración de la tarjeta, al cambiar la resolución u otros cambios, los gráficos tienen que ser rellenados. Como el método Initialize () se llama sólo una vez antes de que el bucle inicie el juego, los gráficos se inicializan en el método LoadContent (), que se llama cada vez que el juego carga o recarga los gráficos.

EL BUCLE DEL JUEGO

La mayor parte del procesamiento se lleva a cabo dentro del bucle del juego. El bucle del juego comprueba los comandos de los jugadores, los procesa y proporciona información sobre el personaje, calcula la inteligencia artificial, calculan y ejecutan los movimientos, las colisiones entre objetos detectados, se activa el control de la vibración, se reproduce el sonido, los gráficos son dibujados en la pantalla y los criterios para llegar al final del juego son pautados. Menos mal que prácticamente todo lo gestiona el bucle el juego.

En XNA, el bucle depende de dos métodos de las clases derivadas Microsoft.Xna.Framework.Game:Update () y Draw (). En Update () todos los cálculos se incluyen en el juego, mientras que en Draw () se dibujan los componentes en la pantalla del juego. Para entender mejor, tenga en cuenta los dos métodos:

//<summary>

//permite al juego ejecutar la lógica como las actualizaciones del mundo, chequear

Colisiones, entradas del usuario y el audio.

//</summary>

Protected override void Update(GameTime gameTime)

```
{

        //permite salir del juego

        If (GamePad.GetState(PlayerIndex.One).Buttons.Back
== ButtonState.Pressed)

                This.Exit();

        //Añada el código del método Update

        Base.Update(gameTime);

}


//este es llamado por el juego cuando dibuja

Protected override void Draw(GameTime gameTime);

{

        GraphicsDevice.Clear(Color.CornflowerBlue);

        // añada el código del método Draw

        base.draw(gameTime);

}
```

En cuanto a las otras clases que ya se han visto, que pueden denotar primero que es que tanto el método Update (), como Draw () reciben el parámetro Gametime. Por el momento, tenemos que saber que este parámetro es crucial para la lógica del juego. A partir de este el juego va a saber cómo cuanto tiempo ha pasado desde el que el último bucle fue ejecutado. Esto es extremadamente importante para obtener los cálculos correctos que se pueden realizar, como por ejemplo, para calcular la posición correcta de los componentes del juego de acuerdo con su velocidad. Sin este parámetro, sería imposible organizar y desarrollar ningún juego.

Otra cosa a destacar es que el método Update () tiene un código predefinido para salir del juego al presionar el botón "Atrás" en el controlador de Xbox 360:

If (GamePad.GetState(PlayerIndex.One).Buttons.Back == ButtonState.Pressed)

    this.Exit();

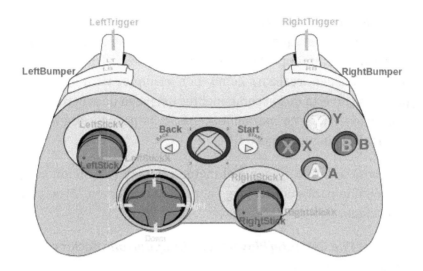

La clase GamePad permite el acceso y el control le permite activar la vibración del mismo. Captura los datos mediante los comandos del usuario en tiempo real y sin ningún tipo de retraso. Si se fija, verá que el trabajo con el control de la interfaz es sencilla e intuitiva, ya que las propiedades se explican por sí mismas:

- **GamePad**: clase de control de acceso;

- **GetState**: coge el estado del control;

- **PlayerIndex.One**: sólo el primer control;

- **Buttons**: accede a los botones de control;

- **Back**: específicamente es el "Volver";

- **ButtonState.Pressed**: cuando se pulsa el botón;

- **this.Exit ()**: abandonar el juego.

Por lo tanto, sin ningún tipo de dificultad, se puede decir que este código le está diciendo que el juego "cuando se presiona el botón Atrás del control 1, salir del juego." Sencillo, ¿no?

Vea que el método Draw () incluye una línea para borrar el dispositivo de gráficos y para llenar la pantalla de juego con un solo color, CornflowerBlue:

GraphicsDevice.Clear(Color.CornflowerBlue);

Como se dijo anteriormente, el administrador de dispositivos gráficos (representado aquí por la variable graphichs) Es el principal medio de acceso a las propiedades del dispositivo de gráficos y a sus propiedades. En este ejemplo, en particular, la propiedad GraphicsDevice se utiliza para exponer las propiedades y métodos que permiten la lectura y configura varios detalles de la pantalla del juego.

Sorprendentemente, esta es la pantalla de inicio de su primer juego. No se desanime, ya que esto mejorará en el próximo capítulo.

LA FINALIZACIÓN DEL JUEGO

Haciendo una analogía de cómo son las cosas, se puede comparar el desarrollo de un juego en XNA cómo organizar una fiesta. Para llevar a cabo una fiesta exitosa, primero tiene que planificar y preparar el ambiente en el que se celebrará. Al final de la fiesta, la habitación necesita ser limpiada para ser "devuelta" a las condiciones en la que fue capturada. Y así, igual con el XNA.

Usted ya vió que, antes de iniciar el juego en sí, tenemos que preparar el entorno en el que se ejecutará [clase Game1 (), Initialize () y LoadContent ()], y luego ya podemos comenzar a "jugar" (métodos Run (), Update () y Draw ()). En su resolución, es necesario crear ambiente estándar, general. También vacía la memoria de la plataforma en la que el juego está en marcha y todo lo demás. La gran diferencia aquí está en el método UnloadContent () de XNA.

Es como tener una herramienta única y exclusiva para llevar a cabo la limpieza en el sistema al finalizar el juego. El UnloadContent () hace que el "recolector de basura" (garbage collector) original de .NET Framework y que simplifica enormemente el desarrollo y la ejecución de rutinas de cierre en los juegos en XNA. Y lo mejor de todo, este no actúa sólo cuando el juego ha finalizado, sino que está activo mientras el juego está en funcionamiento. Por lo tanto, no es necesario preocuparse demasiado acerca de la recolección de basura en el juego, a menos que en realidad esté desarrollando juegos muy complejos. Pero eso es un tema para más adelante.

En programación, un recolector de basura es un proceso utilizado para la automatización de la gestión de memoria. Si usted tiene un proceso recolector de basura, este será responsable de recuperar el espacio de memoria utilizado para evitar problemas en su casting de forma automática. Esto contrasta notablemente con lo que sucedió en los primeros días, en los que la gestión de memoria se hacía explícitamente por el programador diciendo que regiones debían limpiarse y dónde se deberían de asignar los datos del software.

Usted ya ha tenido el primer contacto con Visual C# 2010Express y la estructura de un juego en XNA. Ya se puede sentir más cerca de saber cómo funcionan las cosas y de tener una idea con las bases para comenzar a desarrollar un juego en XNA. En el siguiente capítulo podrás ver cómo funciona el esquema en gráficos 2D XNA. Vamos a dibujar los primeros elementos que aparecen en pantalla, les dará vida a estos y los hará chocar entre sí.

TRABAJAR CON SPRITES

En el capítulo anterior te guiamos a través de tus primeros pasos en el mundo de los desarrolladores de juegos. Usted ya conoce la herramienta de Visual Studio que va a utilizar para desarrollar y programar su juego, aprendió a crear su primer proyecto, analizó las primeras líneas de código y puso su juego en ejecución. Entendemos si usted se ha decepcionado con la pantalla azul grande que apareció frente a usted, pero anímate, ya que ahora usted aprenderá lo que son los sprites y cómo trabajar con ellos y animarlos en la pantalla. Prepara a dar un paso importante en su aprendizaje.

PREPARAR EL ENTORNO DE DESARROLLO

Recordando que, para desarrollar lo que estamos proponiendo, es necesario tener instalado en su computadora el Microsoft Visual C# 2010Express y el XNA Game Studio que son gratuitos.

Como ya mencionamos anteriormente, en los sistemas Windows 8 puede tener algún problema con el XNA Game Studio. Actualice su sistema operativo, baje la última versión del XNA Game Studio y vuelva a instalar la aplicación. No deberá de tener más problemas., sólo tiene que tratar de instalar XNA Game Studio de nuevo y debería funcionar.

Conceptos de gráficos 2D

Si usted no entiende lo que es un sprite o cree que viene de ese refresco de limón, no se desespere. De ahora en adelante usted sabrá no sólo lo que es un sprite pero también aprenderá a crear y a trabajar con él en su proyecto del juego.

Así que ya que estamos hablando de sprites nunca está de más aprender un poco más acerca de otros términos y conceptos utilizados por aquellos que producen los juegos en dos dimensiones.

Sprite: es un gráfico que puede ser manipulado de forma independiente del resto de los gráficos que se encuentran en la imagen 2D de la pantalla del juego. Normalmente, es el personaje que controlas en los juegos de plataformas, como Tim de Braid, por ejemplo. Sin embargo, a diferencia de las otras imágenes usadas en el juego, tiene características definidas a nivel de programación, tales como la velocidad, la posición, la altura y la anchura. Es importante darse cuenta de que el equipo siempre va a dibujar las imágenes en el juego como rectángulos y es muy común que tracemos imágenes con áreas transparentes para dar la noción de dibujo no rectangular. Aún se llaman sprite animados para nombrar al sprite de manera que cambia en cada intervalo de tiempo dado.

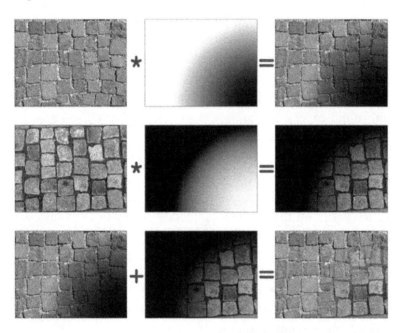

Textura: es lo que se carga en un modelo 3D para crear la ilusión de la imagen de gráficos en 2D bien detallado.

Billboard: es un tipo especial de textura usado para representar objetos complejos sin tener que dibujar un modelo 3D completo. Su idea es que donde podría haber un objeto 3D, habrá una sprite con una imagen de textura en 2D del objeto en él. Obviamente, no es una técnica que sustituya a un modelo en 3D, por lo que sólo se utiliza cuando se quiere mantener el rendimiento del diseño para la elaboración de una escena cuyos detalles deben ser dirigidas a otras cosas.

Echa un vistazo a un ejemplo de la billboard de la dirección http://creators.xna.com/en-US/sample/billboard

Background: todos conocemos éste. Es la imagen que está en el fondo en los juegos de plataformas en 2D. Hablamos de 3 tipos de fondos: estáticos, animados, y animados paralelo. Como su nombre indica, el estático deja la imagen estática y son sólo para un fondo de pantalla, el primer Ninja Gaiden eran así. Los fondos animados están presentes en los juegos de desplazamiento bautizados como Braid. Los fondos paralelos están formados por más de un fondo, cada uno moviéndose a diferentes velocidads, y algunas veces en direcciones opuestas, dando la falsa impresión de tridimensionalidad y de profundidad de escenario.

No puedo escapar de estos términos cuando se trabaja con juegos 2D. Sin embargo, por ahora sólo va a trabajar los conceptos de diseño, el movimiento y la colisión de dos objetos en el juego, a continuación, se centra solamente en el concepto de sprites.

Sin embargo, antes de salir de la creación de numerosos sprites y de hacer que choquen entre sí, sino que también es importante tener una idea de cómo funciona el sistema de coordenadas 2D en XNA, sino es imposible entender lo que estás haciendo.

EL SISTEMA DE COORDENADAS DE LA PANTALLA

Recapitulemos cómo coordina el 2D para que pueda entender cómo posicionar adecuadamente nuestros objetos para que el juego funcione.

En las clases de geometría que estudiamos cuando eramos más pequeños se utilizaba el plano cartesiano para definir las figuras geométricas más comunes:

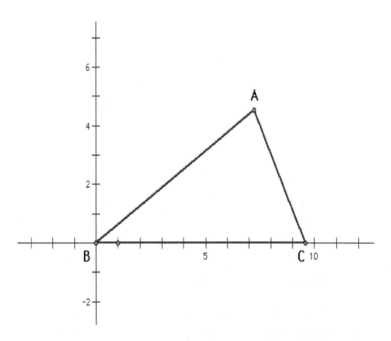

Tenga en cuenta que en este plano se da el origen de los puntos en la esquina inferior izquierda y el valor de Y aumenta cuando sube su eje y disminuy cuando desciende.

Cuando se trabaja con los ordenadores, también funciona con la pantalla del sistema, que es similar a las coordenadas cartesianas:

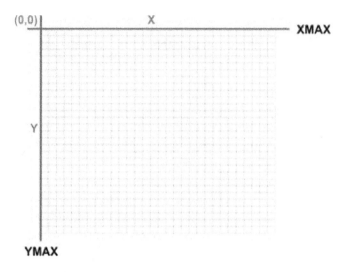

Si nos fijamos en la figura de arriba, podemos ver las tres diferencias entre estos dos sistemas. En el primero, el origen de los ejes está en la parte superior izquierda del plano. En segundo, el valor de Y es cada vez mayor cuando su eje crece hacia abajo y, por último, los valores de Y y X tendrán un valor máximo igual a la resolución de la pantalla, y que no debe superarse.

Es decir, si usted está trabajando en una pantalla cuya resolución es de 1024x768, el máximo valor que podría tomar es 1024 para X y 768 para Y.

DIBUJAR UN SPRITE EN XNA

Ahora sí, vamos a empezar a utilizar XNA para dibujar un sprite en la pantalla del juego. Para fines de demostración, solamente utilizaremos una sola imagen que se pueda crear en Microsoft Paint o puede coger cualquier imagen del Paint y ya está.

En la siguiente figura puede ver una imagen de 64x64 píxeles con fondo magenta y al que le asignamos el nombre bola.bmp. Guárdelo en formato BMP para que pueda ocultar el área de magenta en el juego y dejarlo con un fondo transparente. Si lo guardamos en JPG, no sería posible, ya que este formato no conserva el formato original de los colores al guardar la imagen. Intente crear la siguiente imagen en Paint.

Con la imagen creada, abra el Visual C# 2010Express y el proyecto en blanco creado en el capítulo anterior para crear una clase que será la responsable de la imagen del grupo sprite para asociarlo con algunas propiedades como el tamaño, la posición y la velocidad. Por ahora esta clase es muy sencilla, pero irá mejorándose cuando vayamos avanzando a través de los siguientes capítulos.

Nota: como se indica en el artículo anterior, se hará uso de algunos términos que son comunes a los que trabajan con la programación orientada a objetos y pueden ser totalmente nuevos para los que nunca han oído hablar de la programación. La idea y el concepto de clase es uno de esos términos, y para que nadie se pierda, de nuevo le sugiero la lectura de un libro como una introducción a la programación orientada a objetos y/o algún artículo relacionado con el tema para así poder entender mejor lo vamos a ir hablando en los siguientes capítulos.

Para crear una clase del proyecto, haga clic derecho sobre el nombre del proyecto en el Explorador de soluciones de Visual C# 2010Express y seleccione la opción Agregar/Nuevo elemento (Figura 1) y a continuación, seleccione la Clase y asigne un nombre a su clase, aquí se le asignó el nombre de classSprite.cs (Figura 2)

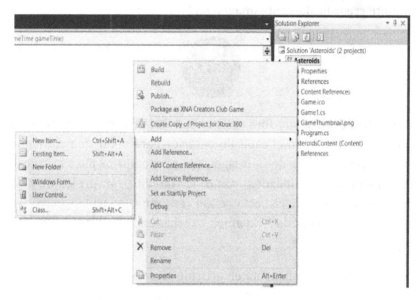

Figura 1

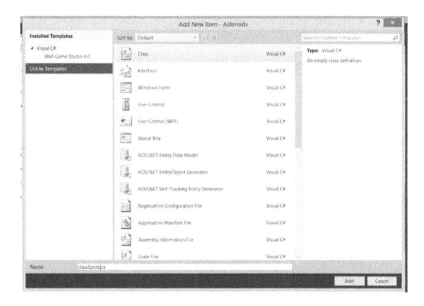

Figura 2

Cuando haya terminado, el Visual C# 2010Express muestra automáticamente la clase recién creada y muestran una estructura básica que se ha generado automáticamente. Vamos a trabajar un poco en esa estructura. Comience borrando todo lo que está ahí y añada las líneas mostradas a continuación:

// para poder trabajar con texturas 2D

using Microsoft.Xna.Framework.Graphics

// para poder trabajar con vectores bidimensionales

using Microsoft.Xna.Framework;

```
// declaración del patrón del alcance de la clase

class classSprite

{

        //declaración de un patrón de textura 2d

        public Textura2D textura {get;set;};

        // declaración de una variable para trabajar con la
posición del sprite en la pantalla

        public Vector2 posicion {get;set;};

        //declaración de una variable para definier el tamaño
del sprite en pixeles

        public Vector2 tamano {get;set;};

        //declaración de un método constructor

public classSprite(Textura2D nuevaTextura, Vector2
nuevaPosicion, Vector2 nuevotamano)

{

        textura = nuevaTextura;

posicion = nuevaPosicion;

        tamano = nuevoTamano;
```

```
        }

}
```

Hasta ahora, la clase tiene no nada de especial, pero vamos a explicarle un poco sobre las tres propiedades que se utilizan:

Textura: almacena la imagen sprite utilizando la clase Texture2D de XNA. Esta clase proporciona varios métodos que ayudan a manejar los sprites cuando son utilizados;

Tamaño: almacena el tamaño del sprite utilizando la clase Vector2 de XNA. Esta clase tiene dos propiedades: X e Y, que se utilizarán, respectivamente, para establecer el ancho y la altura del sprite;

Posición: Utiliza la clase Vector2 de XNA ya que las propiedades de X e Y almacenan las coordenadas de pantalla para el posicionamiento del sprite.

Ahora que la imagen ha creado un sprite y sus respectivas clases en el diseño del juego, es el momento de importar la imagen al Gestor de contenido el proyecto. Para ello, simplemente haga clic en la carpeta Contenido en Explorador de soluciones del proyecto y seleccione Agregar/Elemento existente (Figura 3). En la ventana que se abre, vaya a la ubicación donde guardó la imagen de sprite y haga clic en Añadir y listo, la imagen del sprite estará allí en la carpeta de contenido de su proyecto (Figura 4)

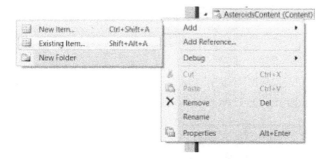

Figura 3

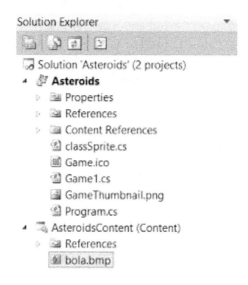

Figura 4.

Ya ha creado la imagen del sprite esta ya está definida en el proyecto mediante una clase e importado en el proyecto. Ahora sólo nos falta dibujar en la pantalla. Por lo tanto, se utilizará la clase SpriteBatch (una clase de XNA que ayuda al diseño sprites en la pantalla) y la textura/imagen que acaba de cargar. En este caso, esta textura se cargará en la clase classSprite y usted puede utilizarla.

Hay muchas maneras de dibujar el sprite en la pantalla. Normalmente, la textura se lee en la clase classSprite y se diseña en el método Draw de la Clase Game1 o se añade un método de dibujo dentro de la clase classSprite que diseñará conla clase, el sprite estará en la pantalla. Funciona de esa manera, por ahora.

De regreso a clases classSprite, agregue el método siguiente después del método constructor:

//método para dibujar el sprite en la pantalla

public void Draw(SpriteBatch spriteBatch)

{

  spriteBatch.Draw(textura, posición, Color.White);

}

Aquí el método está haciendo uso del método Draw de la clase SpriteBatch y está tomando tres argumentos, la textura, la posición y el color. Esta es la forma más sencilla de dibujar algo en la pantalla.

A continuación necesitará ajustar la clase Game1. Al acceder al archivo, observe que en el acto de la creación del proyecto, Visual C# ya ha creado un objeto SpriteBatch al principio del archivo. Ahora se crea un objeto classSprite después de la definición de los objetos graphics y SpriteBatch. El resultado debería ser algo como esto:

```
public class Game1: Microsoft.Xna.Framework.Game
{
        //dispositivo de vídeo

        GraphicsDeviceManager Graphics;


        //renderizador de sprites

        SpriteBatch spriteBatch;


        //clase de mi sprite

        classSprite mySprite1;
}
```

Como se había mencionado en el capítulo anterior, tiene que cargar el contenido que se utilizará en el juego ya que el método LoadContent tiene toda la inicialización gráfica del juego. Luego busque el método LoadContent en la clase Game1 e inicialice el objeto mySprite1:

Protected override void LoadContent ()

{

   //creamos un sprite con textura 2d

   mySprite1 = new classSprite(Content.Load<Textura2D>("bola"),

      new Vector(0f,0f), new Vector2(64f,64f));

   // creamos un nuevo spriteBatch, que será usado para dibujar texturas

   spriteBatch = new SpriteBatch(GraphicsDevice);

}

Aquí está la parte en la que el método constructor de la clase classSprite resulta necesario, desde el inicio mySprite1, ahora podemos definir el "aspecto" que tendrá. Podemos cargar la textura que se importó recientemente (bola.bmp), la posición inicial del sprite (0, 0, es decir, la esquina superior izquierda de la pantalla) y el tamaño de sprite (64, 64). A pesar de las pocas líneas de código, hasta ahora ya se han hecho muchas cosas.

Una buena práctica de programación es destruir todo lo que se ha creado una vez que usted ha vez finalizado el juego. Como vimos anteriormente esto se debe hacer en el método UnloadContent. Agregue la línea siguiente al método:

protected override void UnloadContent ()

```
{

        mySprite1.textura.Dispose();

}
```

Por último, se puede ir al método Draw de la clase Game1 para dibujar un sprite en la pantalla:

```
protected override void Draw(GameTime gameTime)

{

        GraphicsDevice.Clear(Color.CornflowerBlue);

        spriteBatch.Begin();

        mySprite1.Draw(spriteBatch);

        spriteBatch.End();

        base.Draw(gameTime);

}
```

Aquí, estás diciéndole al XNA que comience a dibujar algo en la pantalla (spriteBatch.Begin). Poco después, le dices lo que quieres dibujar (mySprite1.Draw) y finalmente le dices al XNA que has terminado con el diseño (spriteBatch.End). Realmente es bastante secillo.

Nota: cómo el proyecto está utilizando una textura que cuenta con áreas transparentes, es necesario utilizar SpriteBatch para esto.

Para ello, basta con modificar el spriteBatch.Begin de la siguiente manera:

spriteBatch.Begin(SpriteSortMode.Deferred, BlendState.AlphaBlend);

Si has seguido todos los pasos con cuidado, presione F5 y ya tiene el "juego" en ejecución, obteniendo la siguiente pantalla:

Perfecto, usted antes tenía una pantalla azul grande y depresiva, ahora tenemos una pantalla azul grande y depresiva con un punto negro en la esquina superior izquierda. Puedes jugar con el posicionamiento de la bola en el método LoadContent, sólo tienes que cambiar los valores que están allí, diviértase, elimine y trate de entender cómo funciona todo jugando usted mismo antes de continuar con el siguiente paso.

MOVER EL SPRITE POR LA PANTALLA

Dado que el objetivo de este proyecto es trabajar con gráficos en 2D, es fácil imaginar cómo hará para que el sprite se mueva en la pantalla.

En realidad no hay nada complicado aquí. Todo es muy lógico. Para mover el sprite a la derecha, sólo hay que aumentar la coordenada X de su posición. Para moverse a la izquierda, tiene que disminuir el valor de la coordenada X. Lo mismo ocurre con Y: si quieres bajar, incremente su valor si quieres subir, disminúyalo.

Para movernos con el teclado:

//Añadimos dos nuevas variables

vectorPosicion = newVector(100.0f, 100.0f);

KeyboardStatekeyState;

En el método Draw se cambia new Vector por la variable vectorPosition que hemos creado.

En el método Update, se añaden las siguiente líneas de código:

keyState= Keyboard.GetState();

if(keysboardState.IsKeyDown(Keys.Up)) position.Y -= 5.0f;

if(keysboardState.IsKeyDown(Keys.Down)) position.Y += 5.0f;

if(keysboardState.IsKeyDown(Keys.Left)) position.X -= 5.0f;

if(keysboardState.IsKeyDown(Keys.Right)) position.X += 5.0f;

Para movernos con el ratón:

// añadir una variable de estado para el ratón

MouseStatemState;

En el método Update añadimos:

mState= Mouse.GetState();

position.X = mState.X -image.Width/ 2;

position.Y = mState.Y -image.Height/ 2;

Para establecer el ratón, añada la siguiente línea en el método Initialize:

IsMouseVisible= true;

Es importante no olvidar cómo funciona el sistema de coordenadas de la pantalla de la computadora en ese momento.

En la estructura básica del juego, XNA nos proporciona un método específico para realizar cálculos durante la ejecución del juego. Es el Update. Aquí, puede agregar la lógica para calcular la posición, velocidad y mucho más.

Para que el sprite se pueda mover en la pantalla, sólo tiene que añadir una sola línea de código dentro del método Update:

//cambiará la posición del sprite en cada loop del gameTime

mySprite1.posicion += new Vector2(1.0f,1.0f);

Pulse F5 y verá la bola en movimiento hacia la derecha hasta desaparecer de la pantalla. Sí, funciona, pero no sirve para nada. Ahora es el momento de hacer algo más elegante y estéticamente bonito. El objetivo ahora es hacer que el sprite quede "pegado" en los límites de la pantalla del juego.

Para ello, primero elimine la línea que ha escrito en método anterior Update de la clase Game1. Después vaya a la clase classSprite y haga algunas modificaciones menores.

A continuación vamos a hacer la declaración de una nueva propiedad llamada "velocidad" que indicará la velocidad del sprite en las coordenadas de la pantalla de X e Y. También se establece una propiedad que almacenará la resolución actual de la pantalla del reproductor para que poder limitar el rango de movimiento del objeto.

Entonces tenemos lo siguiente:

En classSprite.cs

//almacenamos la resolución, el tamaño, actual de la pantalla

private Vector2 tamanoPantalla {get;set;}

//indicamos la velocidad del sprite en X e Y

public Vector2 velocidad {get;set;}

//declaramos un método constructor

```
public classSprite(Textura2D nuevaTextura, Vector
nuevaPosicion, Vector2 nuevoTamano, int anchuraPantalla,
int alturaPantalla)

{

        textura = nuevaTextura;

        posicion = nuevaPosicion;

        tamano = nuevoTamano;

        tamanoPantalla = new Vector2(anchuraPantalla,
alturaPantalla);

}
```

Ahora volvemos a la clase Game1 para modificar la inicialización del mySprite1 del método LoadContent:

```
//creamos un sprite con textura 2D

mySprite1 = new
classSprite(Content.Load<Texture2D>("bola"),

                new Vector2(0f,0f), new
Vector2(64f,64f), graphics.PreferredBackBufferWidth,
graphics.PreferredBackBufferHeight);


//definimos la velocidad del sprite

mySprite1.velocidad = new Vector2(1,1);
```

Dease cuenta de que ahora, en la creación de instancias de objetos sprite, usted está capturando el ancho y el alto de la pantalla del juego con el comando graphics.PreferredBackBufferWidth y Height.

Entonces se determina la velocidad de sprite. Al decir que acelerará 1 para horizontal y 1 para vertical, XNA entiende que el objeto se mueva 1 pixel por actualización de la pantalla, tanto en las coordenadas X e como en Y, es decir, se moverá en diagonal.

Ahora ya sabe cual es la velocidad del objeto y ya sabe cuáles son los límites de la pantalla y, en consecuencia, de su movimiento. Ahora sólo falta un método que hará que la bola se mueva dentro de los confines de la pantalla.

En la clase classSprite, bajo el método Draw agregue un método (aquí llamado "Move") que hará que la bola se mueva dentro de los límites de la pantalla.

public void Mover()

{

//si el sprite sobrepasa los límites de la pantalla, se invierte su velocidad

//comprobación del límite de la derecha de la pantalla

if (posicion.X + tamano.X + velocidad.X > tamanoPantalla.X)

velocidad = new Vector2(-velocidad.X, velocidad.Y);

```
//comprobación del límite inferior

if (posicion.Y + tamano.Y + velocidad.Y >
tamanoPantalla.Y)

        velocidad = new Vector2(velocidad.X, -
velocidad.Y);


//comprobación del límite de la izquierda de la
pantalla

if (posicion.X + velocidad.X < 0)

        velocidad = new Vector2(-velocidad.X,
velocidad.Y);


//comprobación del límite superior

if (posicion.Y + velocidad.Y < 0)

        velocidad = new Vector2(velocidad.X, -
velocidad.Y);


//una vez que ajustamos la velocidad, añadimos la
posición actual del sprite

 posicion += velocidad;
```

}

Fácil, no hay necesidad de desesperarse con el tamaño del código y con esos "if". Básicamente, lo que se hace aquí es comprobar si el sprite ya alcanzado la posición final de la pantalla y, si se ha alcanzado, se invierte su velocidad.

Sin embargo, es bastante lógico. Como se ha explicado anteriormente, para mover el sprite a la derecha, sólo se incrementará el valor de X, para moverse a la izquierda, se disminuye el valor de Y. Así que si la bola llega al límite de la derecha de la pantalla, ¿Qué tenemos que hacer? Disminuir el valor de su velocidad en el eje X, ya que es la velocidad que hará que cambie la posición de la bola todo el tiempo.

Ahora, puede añadir un paso para completar este paso: añadir una llamada a "Move" en el método Update de Game1 y comentar sobre el comando que cambia la posición de la bola:

//cambiará la posición del sprite en cada loop del gameTime

//mySprite1.posicion += new Vector2(1.0f,1.0f);

//moverá el sprite dentro de los límites de la pantalla del juego

mySprite1.Mover();

Al presionar F5 se dará cuenta de que la bola se moverá dentro de los límites de la pantalla del juego. Para consolidar el aprendizaje, intente cambiar la velocidad del sprite y de buscar una salida que tenga que cambiar el tamaño de la pantalla del juego. No se olvide también de leer cuidadosamente todo lo que se hace para asegurarse de no tener ninguna duda.

En este capítulo ha aprendido a dibujar un sprite en la pantalla, ha añadir movimiento a la misma y a trabajar con los límites de la pantalla. Ha construido su primera clase, classSprite, ha almacenado de sprites que se utilizarán en el juego en el futuro. En nuestro próximo capítulo, vamos a seguir utilizando el proyecto actual y a añadir la detección de colisiones de dos o más bolas en el juego.

Detección de Colisiones

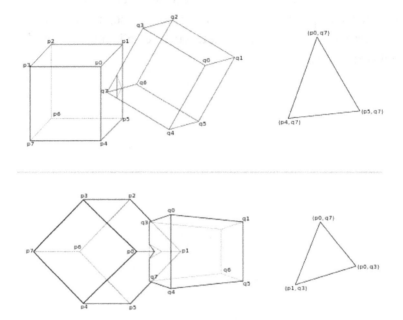

En el anterior capítulo usted ha aprendido un poco más acerca de los conceptos utilizados en el desarrollo de juegos 2D, siendo el principal el de los sprites. Además, usted exploró algunas de las características de XNA, creó sus primeros métodos e hizo sprites en tiempo real, que se mueven dentro de los límites de la pantalla del juego. El capítulo que vamos a ver a continuación tratará de una manera un poco más profunda y también veremos los principios utilizados en todos los juegos para detectar colisiones entre dos o más objetos.

EL CONCEPTO DE COLISIONES

Lo que hemos hecho en el capítulo anterior, hacer que el sprite limite su movimiento a los bordes del juego es una forma de detección de colisiones, es sencillo de comprender el concepto de colisión. Sin embargo, los juegos en 2D, a menudo quieren detectar una colisión entre dos o más sprites.

Hay varias maneras de trabajar con la detección de colisiones en cualquier juego que quiera hacer. Sin embargo, el objetivo aquí es presentar un ejemplo sencillo para que usted pueda comprender el concepto.

Cuando se trabaja con la detección de colisiones, no es prudente pensar en probar píxel a píxel en cada sprite del juego. ¿Alguna vez se preguntó cuánto trabajo tendría que llevar a cabo? ¿Y cuánto podría dificultar esto en el rendimiento del juego?

Por lo tanto, los algoritmos de detección de colisión trabajan con representaciones aproximadas de las formas de los sprites, lo cual facilita en gran medida el desarrollo de su fórmula. Los algoritmos para la detección de colisiones utilizan la noción común de bounding boxs, o cajas delimitadoras, que aproxima la forma del objeto con uno o más rectángulos, o cajas (las cajas de palabras). La siguiente figura nos muestra un sprite cuya forma está contenida dentro de un alojamiento que define sus límites de colisión.

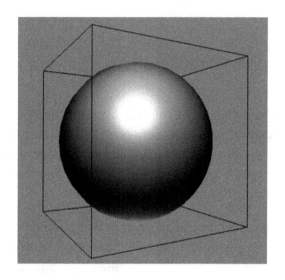

IMPLEMENTACIÓN DE UN BOUNDING BOX

Una forma sencilla de desarrollar y probar el bounding box es simplemente comprobar las posiciones de las coordenadas X e Y de la primera caja del sprite que desea probar está dentro de la segunda caja del sprite que va a probar.

En otras palabras, usted deberá comprobar si los valores de X e Y de la caja que desea probar son menores o iguales a los valores de X e Y en la otra caja, más del ancho de una caja.

Así que manos a la obra. En el archivo classSprite.cs, agregue el método siguiente (llamado detectarColision) que recibirá un sprite como parámetro y lo pruebará con el sprite actual. Si se produce una colisión, el método devuelve true.

public bool detectarColision(classSprite otroSprite)

```
{
        //comprueba si el sprite colisionó

        if (this.posicion.X + this.tamano.X >
otroSprite.posicion.X && this.posicion.X < otroSprite.posicion.X
+ otroSprite.tamano.X

&&

this.posicion.Y + this.tamano.Y > otroSprite.posicion.Y &&
this.posicion.Y < otroSprite.posicion.Y + otroSprite.tamano.Y)

                return true;

        else

                return false;

}
```

Para entender la lógica de este código, vamos a analizarlo mirando la imagen de abajo y continuar sólo si está seguro de lo que está sucediendo aquí.

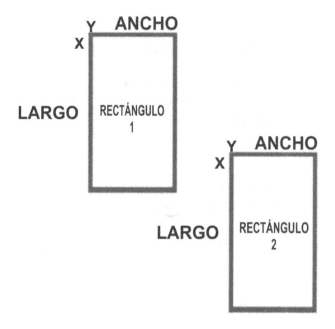

Analizando el código del ejemplo, ambas cajas se superponen sólo si ambas coordenadas X e Y del rectángulo 2 están en el rango (X para ancho + X, Y paraa la altura + Y) del rectángulo 1. Observando la figura de arriba, se ve que la coordenada Y del rectángulo 2 no es mayor que la coordenada Y, más la altura del rectángulo 1. Esto significa que ese caso puede estar colisionando. Sin embargo, cuando verificamos que la coordenada X del rectángulo 2, usted encontrará que es mayor que X más el ancho del rectángulo 1, lo que significa que las coordenadas de las cajas no están colisionando.

La siguiente figura muestra una situación en la que usted tiene un accidente. En este caso, en ambas posiciones, X e Y, el rectángulo 2 están contenidos en el intervalo del rectángulo 1. En el código del ejemplo, también se hace la prueba contraria, comprobar si las coordenadas X e Y del rectángulo 1 se encuentran en el rango de rectángulo 2. Estamos por lo tanto previniendo que, por ejemplo, la esquina superior izquierda del rectángulo 2 esté fuera del rectángulo 1 pero la parte superior debe de estar dentro del rectángulo siendo 2.

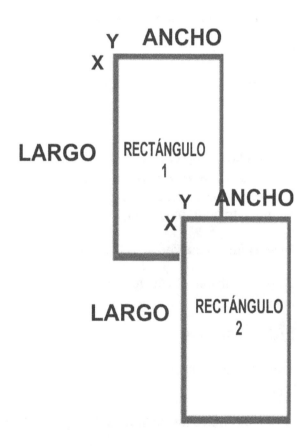

Para probar el método en la práctica, va a crear un segundo sprite en el centro de la pantalla del juego. Para ello, basta con repetir el sprite que creó en el capítulo anterior e incluir el código para probar las colisiones en el método Update en la clase Game1.

En primer lugar, debe declarar una nueva variable sprite al comienzo de la clase Game1, junto con otros ajustes:

//segundo sprite creado para esta prueba de colisión

classSprite mySprite2;

Ahora, en el método LoadContent, agregue el código para crear y arrancar el sprite:

mySprite2 = new classSprite(Content.Load<Textura2D>("bola"), new Vector2(218f, 118f), new Vector2(64f,64), graphics.PreferredBackBufferWidth, graphics.PreferredBackBufferHeight);

mySprite2.velocidad = new Vector2(3, -3);

Y no te olvides de añadir el código para descargar el sprite en UnloadContent:

mySprite1.textura.Dispose();

En el método de actualización, agregue el código para mover el sprite en la pantalla:

//moverá el sprite dentro de los límites de la pantalla del juego

mySprite2.Mover();

Y, por último, en el método Draw, agregue el código para dibujar el nuevo sprite en la pantalla:

spriteBatch.Begin(SpriteSortMode.Deferred, BlendState.AlphaBlend);

mySprite1.Draw(spriteBatch);

mysprite2.Draw(spriteBatch);

spriteBatch.End();

En este momento, si se ejecuta el juego, te daráss cuenta de que los dos sprites están ocupados, pero aún están en colisión. Para resolver esto agregamos una llamada al método detectaColisao en el método Update para el cambio de la velocidad entre sprites de la siguiente manera:

if (mySprite1.detectarColision(mySprite2))

{

> *//cuando los sprites colisionan, sus velocidades cambian entre sí*

> *Vector2 tempVelocidad = mySprite1.velocidad;*

> *mySprite1.velocidad = mySprite2.velocidad;*

> *mySprite2.velocidad = tempVelocidad;*

}

Ahora sí, si se ejecuta el juego, te darás cuenta de que los sprites están chocando unos con otros, y chocan con los bordes de la ventana. ¿No es genial?

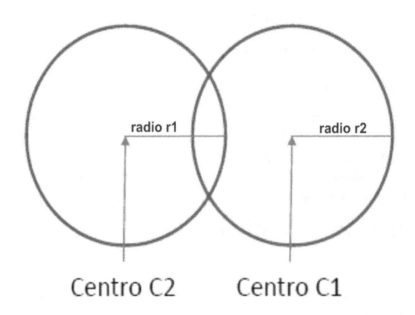

Existe colisión si = dist(c1,c2) < r1 +r2

Sin embargo, a pesar del sistema de detección de colisiones, también se utiliza el algoritmo de bounding boxs si después de algunas pruebas usted nota un problema. Si los sprites chocan en diagonal, chocarán antes de llegar el uno al otro en realidad. Esto es precisamente el porqué los bounding boxs utilizan cajas para representar la geometría de las esferas.

Cuando se quiere probar colisiones entre bolas, asegúrese de que la distancia entre los centros es más pequeños que la suma de sus radios. Si es así, entonces se ha producido una colisión. Esta es la forma más eficiente para detectar colisiones entre dos bolas.

Para apoyar este sistema, en la clase classSprite creamos dos nuevas propiedades, una se llamará centro y la otra radio, que serán calculadas de acuerdo con otra propiedad del sprite.

//centro del sprite

public Vector2 centro { get { return posición + (tamano / 2);}}

//radio del sprite

public flota radio {get { return tamano.X / 2;}}

A continuación, cree un nuevo método para probar este tipo particular de colisión:

public bool detectarColisionCirculo(classSprite otroSprite)

{

      //comprueba si las dos esferas colisionan

      return (Vector2.Distance(this.centro, otroSprite.centro) < this.radio + otroSprite.radio);

}

Por último, actualice el método Update de la clase Game1 para llamar al método detectarColisionCirculo en lugar de detectarColision. Ahora sí, te darás cuenta de que los círculos chocarán sólo cuando realmente chocan.

En este capítulo ha trabajado la idea básica de un sistema de detección de colisiones entre dos sprites en un juego en 2D. Poco a poco iremos avanzando los conceptos de programación de juegos en el próximo capítulo y aprenderá ha capturar la entrada de datos a través del teclado y lo utilizará para controlar uno de las sprites.

Capturar Acciones del Usuarios

En último capítulo hemos visto desde dentro de cómo funcionan y se comportan los sistemas de colisión, y, para comenzar, como podría implementar su propio uso de la idea del método bounding boxs. El proyecto está creciendo a medida que agrega nuevas características que hacen que ya no sea sólo una pantalla azul. Ahora vamos a ver cómo capturar las acciones realizadas por el usuario.

Formas de captar las acciones

Si usted cree que capturar las acciones del usuario desde un teclado, ratón e incluso desde el mando de Xbox 360 es dificil, pronto se dará cuenta de que no es así. Para capturar estos tres dispositivos, XNA ofrece clases bien preparadas que le ahorrarán la ardua tarea de la comunicación con estos dispositivos.

Tal vez la clase más elaborada de estas es la de GamePad, que es la responsable de mediar la comunicación con el controlador de Xbox 360. Un ejemplo sencillo y fácil de entender es el proyecto en sí. Dentro del método Update de la clase Game1 hay una parte de código muy peculiar.

//permite salir del juego al presionar el botón "back" del mando de la Xbox

If (GamePad.GetState(PlayerIndex.One) .Buttons.Back == ButtonState.Pressed)

this.Exit ();

Sólo hay que entender mínimamente el inglés para entender lo que hace.

El juego captura el estado del primer control [GamePad.GetState (PlayerIndex.One)] y verifica que se pulsa el botón Back (Buttons.Back == ButtonState.Pressed). Confirmada esta acción, saldrá del juego. Sencillo, ¿no?

Trabajar con la clase GamePad es fácil y su utilización está bien documentada por el propio IntellinSense del Visual C# 2010Express. Haga un prueba: teclee en su aplicación el código

GamePad.GetState(PlayerIndex.One) y salga navegando por la estructura de la clase.

Déase cuenta de que es posible trabajar con los botones del control por la estructura de Buttons, los sticks analógicos con un ThumbSticks y el direccional a través del DPad. Usted aún puede verificar si un control está debidamente conectado a través del método IsConnected o hacerlo vibrar con el GamePad.SetVibration.

A pesar de ser muy simple, el uso de la GamePad, el objetivo de este capítulo es hacer que el usuario sea capaz de controlar una de las bolas con un teclado y un ratón

UTILIZACIÓN DEL TECLADO Y EL RATÓN

Así como el GamePad intermedia la comunicación con el control, las clases KeyBoardState y Mouse ayudan en el trabajo con el teclado y el ratón en el proyecto.

El KeyBoardState ofrece dos métodos de verificación del estado del teclado – IsKeyDown, para verificar si la tecla está presionada, e IsKeyUp, para ver si esta ya no está presionada. A partir de eso, será posible acceder a cualquier tecla sin misterios ni complicaciones.

Siendo así, comienza la preparación del proyecto para hacer que sea posible controlar la segunda bola del juego, manteniendo todas las características programadas anteriormente.

Para empezar, en la clase Game1, elimine el código que define la velocidad inicial del mySprite2 en el método LoadContent() ya llama a mySprite2.Mover() en el Update(). Esas modificaciones son fundamentalmente para que la segunda bola se vuelva sola y usted no desea moverla más apartir de ahora.

También será necesario modificar el código de la detección de colisiones en el Update(), simplificándolo para invertir la velocidad del mySprite1:

If (mySprite1.detectarColisionCirculo(mySprite2))

mySprite1.velocidad *= -1;

Ahora que ha preparado el proyecto, puede capturar el estado de las teclas presionadas por el usuario.

En el método Update de la clase Game1, creamos una instancia de un objeto de tipo KeyboardState:

KeyboardState KeyboardState = Keyboard.GetState();

Tenga en cuenta que se crea con el estado actual del teclado (Keyboard.GetState).

Desde KeyboardState se puede comprobar el estado de cada tecla y así puede desencadenar acciones en el juego. En el ejemplo siguiente se utilizan las flechas de dirección para hacer que la segunda bola se mueve según la tecla presionada:

if (keyBoardState.IsKeyDown(Keys.Up))

mySprite2.posicion += new Vector2(0,-5);

if (keyBoardState.IsKeyDown(Keys.Down))

    mySprite2.posicion += new Vector2(0,5);

if (keyBoardState.IsKeyDown(Keys.Left))

    mySprite2.posicion += new Vector2(-5,0);

if (keyBoardState.IsKeyDown(Keys.Right))

    mySprite2.posicion += new Vector2(5,0);

Para probar, ejecute el juego pulsando F5 y vea si se puede mover la bola alrededor de la pantalla y si chocan cuando se encuentra en el camino de la primera.

Es posible controlar la bola desde el teclado. Ahora vamos a añadir un par de líneas más para capturar el movimiento del ratón y traducirlo en acciones dentro del juego.

Poco después de que el código anterior, escriba lo siguiente:

If (mySprite2.posicion.X < Mouse.GetState().X)

    mySprite2.posicion += new Vector2(5,0);

If (mySprite2.posicion.X < Mouse.GetState().X)

mySprite2.posicion += new Vector2(-5,0);

If (mySprite2.posicion.Y < Mouse.GetState().Y)

mySprite2.posicion += new Vector2(0,5);

If (mySprite2.posicion.Y < Mouse.GetState().Y)

mySprite2.posicion += new Vector2(0,-5);

La lógica de este código es también muy simple y no hay ningún misterio acerca de cómo utilizar la clase Mouse. Lo que sucede es simplemente una comparación de la posición actual del mySprite2 en los ejes de coordenadas con la posición actual del ratón. Si es más grande o más pequeña, la bola debe moverse hasta donde se indica con el ratón de acuerdo a las comparaciones.

Si el proyecto se ejecuta de nuevo, te darás cuenta de que al mover el ratón dentro de la pantalla del juego la bola se moverá exactamente como se indicó. Tenga en cuenta también que hay dos pequeños bugs: Una pelota entra en la otra si insistimos en que las dos choquen, esto se produce debido a la simplicidad del algoritmo utilizado para detectar las colisiones, si la segunda bola traspasa la pantalla ya no se utiliza más el método Mover que los verifica.

La simplicidad del sistema de detección de colisiones hace que la función del sistema de detección de colisiones de funcione de forma incorrecta.

Como estamos viendo y desarrollando conceptos de programación de juegos en XNA, éstos bugs se verán de nuevo más adelante, pero usted podría ir pensando en alguna solución para estos, para ir prácticando.

La captura de las acciones de los jugadores y la traducción no es algo difícil en XNA. Las clases GamePad, KeyboardState y Mouse ejemplifican muy claramente por qué usamos frameworks para desarrollar juegos. Si no fuera por XNA, probablemente sería necesario el uso de APIs para desarrollar y escribir líneas y más líneas de código para programar acciones tan simples como las que hemos realizado aquí en apenas un rato.

Añadir Sonidos

En el último capítulo usted vio tres formas de captar las acciones del usuario y a ejecutado dos de ellos: a través del teclado y del ratón. Usted pudo ver que bibliotecas de XNA son las responsables de estas rutinas que harán ahorrar muchísimo tiempo de desarrollo y son bastante fáciles de usar. En el capítulo de a continuación va a crear sonidos y unas pocas líneas de código para agregar al diseño del juego. Al final de este capítulo usted comprobará que el XNA permite que el trabajo se realice en conjunto con un diseñador de sonido, a medida que trabaja en las diferentes herramientas que se comunicarán al final.

Creación de audio con XACT

Hasta ahora ya han trabajado muchos aspectos del desarrollo de juegos con XNA. Ha visto las principales bibliotecas, ha visto conceptos básicos de cómo crear y añadir gráficos a un proyecto, así como a manipular y a controlarlos con el teclado y el ratón.

Entre todos estos aspectos, tal vez el más importante es la forma en la que XNA maneja los diversos tipos de contenidos que se incorporan en sus proyectos. Todo esto se ha visto al agregar dos esferas que ahora se pasean por la pantalla del juego. Pero todavía es muy básico y se puede mejorar mediante la adición de al menos algunos efectos de sonido al mismo proyecto.

El XNA maneja los sonidos de la misma manera de cómo maneja los gráficos que se han creado hasta ahora: usando el gestor de contenido. Para XNA, los sonidos no son más que otro tipo de contenido del juego. Sin embargo, hay una diferencia. Los gráficos se pueden añadir directamente al diseño de los juegos, pero contenido de audio, sin embargo, debe estar en un formato específico, generado por la Herramienta de Creación de audio compatible con varias plataformas Microsoft, También conocido como XACT.

El XACT se utiliza para crear los bancos de sonidos y las ondas que se compilan en los archivos XAP. Estos archivos XAP son los que se agregan al proyecto del juego para cada sonido.

Aunque la herramienta es bastante completa y permite manipular los sonidos para crear variables de ruido y demás efectos variados, ahora solamente se tratarán los conceptos básicos de su funcionamiento.

Ahora vamos a crear el archivo XAP que se utilizará en el proyecto:

En el menú Inicio, seleccione Programas, Microsoft XNA Game Studio 3.0, herramientas y, finalmente, Creación de audio Multiplataforma Herramienta 3 (XACT3)

En la pantalla principal XACT, seleccione Archivo, Nuevo proyecto para crear un nuevo proyecto de audio y déle el nombre de "MisSonidos".

Nota: en esta nueva versión de XNA se aconseja crear el diseño de sonidos dentro de la carpeta de contenido del proyecto de juego para que no existan problemas a la hora de asignar las referencias de archivo. En las versiones anteriores no se produjo este problema, pero por alguna razón esta nueva versión, a veces, si sucede este problema. Por lo tanto, cree y guarde el proyecto dentro de la carpeta de contenido del proyecto.

En la parte izquierda de la pantalla principal, aparece el nodo raíz del proyecto, con un puñado de nodos que indican los diferentes tipos de objetos que se pueden incluir en el diseño de sonido "MisSonidos": variables, efectos de sonido, ajustes de compresión, entre otros.

Haga clic en Wave Bank y añadir un nuevo Wave Bank:

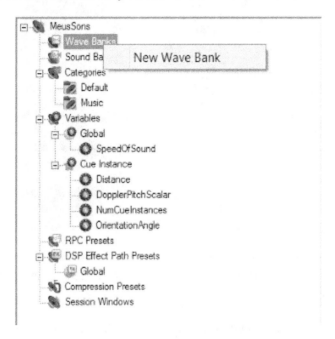

Aparecerá una nueva ventana en blanco. Haga clic derecho en esta ventana y seleccione Insert Wave File(s) para agregar ficheros .wav en el proyecto.

Nota: Puede añadir cualquier tipo de archivo de sonido a un proyecto de audio en XACT, pero por ahora vamos a simplificar y vamos a utilizar sólo los archivos estándar de Windows .WAV.

Buscar los archivos Chord.wav y notify.wav en la carpeta C:/Windows de su computadora y selecciónelos para ser insertados en el Wave Bank.

Nota: busque estos archivos, cópielos y péguelos en la carpeta raíz de su conjunto de soluciones. Esto se debe a que XNA utiliza rutas relativas para hacer referencia a estos archivos y si se cambia la ubicación del proyecto, lo más probable es que pierda la referencia a estos.

Ahora debe crear un banco de sonidos. Haga clic en Bancos de sonido en el menú de la izquierda y seleccione new sound bank. Aparecerá una nueva ventana a la izquierda.

Para organizar mejor el espacio, haga clic en Windows, Tiles horizontal y podrá organizar las ventanas de acuerdo a la siguiente figura:

En la ventana wave bank seleccione los dos archivos que se encuentran allí, haga clic sobre ellos y arrástrelos a la ventana Cue Name del sound bank.

Nota: Ahora los archivos del wave bank dejarán de estar en color rojo y se quedarán en color verde. Esto indica que se han añadido a la base de datos de sonidos.

Se utilizará un sonido loop para que aprenda a dar play, a pausar y a detener el sonido dentro del juego. Para ello, vaya a la lista de reproducción (list of sounds), seleccione el sonido notify y, en la ventana inferior izquierda, seleccione la casilla infinite al igual que en la imagen de abajo.

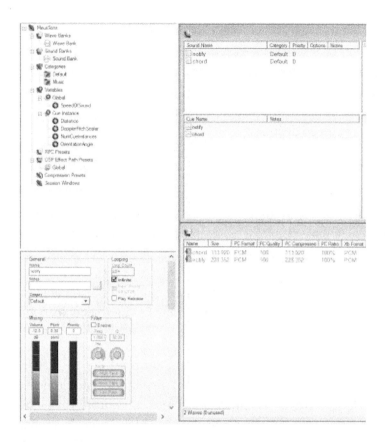

Por último, vaya a Archivo, Construir (o simplemente pulse F7) para compilar el proyecto y luego guardarlo.

Para que todo quede más claro, básicamente, para crear un Wave Bank, agregaste referencias a archivos WAV. Para un proyecto de audio en formato XAP. Cuando estos archivos estaban todavía en el rojo en el Wave Bank el XACT dijo que tenía referencia a esos archivos, pero que no los estaba utilizando. Al crear un Sound bank ha creado una biblioteca de sonidos que estarán disponibles para   su   uso   en   el   juego.

Finalmente, al presionar F7 para construir en el proyecto de sonido, el XACT crea dos carpetas que contienen los archivos compilados para este proyecto. Son estos los archivos a los que accede el juego después.

Usando el proyecto de audio en el proyecto del juego

Trabajar con sonidos en XNA es tan simple como trabajar con gráficos y hacer frente a las acciones del jugador. Para empezar a utilizar el proyecto de audio que acaba de crear, el primer paso es agregar la carpeta Contenido al proyecto del juego. A continuación, defina las instancias de objetos relacionadas con los sonidos que finalmente se utilizarán. Es algo sencillo. Vamos a empezar.

Para agregar su proyecto de audio a su proyecto de juego, haga clic en la carpeta Contenido en el Explorador de soluciones y seleccione Agregar elemento existente. Entonces, vaya hasta el archivo misSonidos.xap que ha creado dentro de la carpeta en Contenido del propio proyecto y confirme la adición de este. Su Explorador de soluciones deberá igual a la de la siguiente figura:

```
▲ 📑 AsteroidsContent (Content)
    ▷ 🖼 References
    ▷ 📁 bin
    ▷ 📁 obj
    ▷ 📁 Win
    ▷ 📁 Xbox
        🖼 bola.bmp
        🔊 MeusSons.xap
```

Después de agregar el archivo XAP en el proyecto, se van a crear tres tipos de objetos para la gestión de contenidos de audio:

- **AudioEngine**: Es el objeto que hace referencia al servicio de audio de la computadora. Se utiliza para ajustar algunos parámetros y como parámetro para crear bancos de waves y sonidos. Al crear un objeto AudioEngine en el proyecto, es necesario definir la ruta de la configuración global generada por el XACT en tiempo de compilación en el archivo XAP, que por defecto tiene el mismo nombre que el archivo XAP pero con la extensión XGS;

- **WaveBank**: Esta es una colección de archivos wave. Para crear esta base de datos en el código, lo que necesita es pasar el objeto del parámetro AudioEngine previamente instanciado y la ruta del archivo XWB compilado por XACT. A pesar de que este objeto no se puede utilizar directamente en la aplicación, es necesario que las señales sonoras del banco de sonidos tengan una referencia para encontrar los archivos wave;

- **SoundBank:** Este objeto almacena una colección de señales sonoras. Configura las señales de sonido como referencias a los archivos wave almacenados en la base de datos wave junto con sus propiedades y los detalles de cómo ejecutar estos archivos y los métodos que gestionan playback estos sonidos.

El bloque de código siguiente muestra la definición y ejecución de los objetos en el archivo Game1.cs del proyecto. Justo debajo de la definición de sprites, establezca los objetos de audio:

//Objetos de audio

AudioEngine audioEngine;

WaveBank waveBank;

SoundBank soundBank;

Si no puede crear una variable de tipo AudioEngine significa que su proyecto no tiene referencias a las DLL del XACT añadidas. Para ello, haga clic con el botón derecho en el proyecto en el Explorador de soluciones y seleccione Agregar referencia. En la ventana que se abre, seleccione la ficha Navegador y vaya a la carpeta Archivos de programa (x86)/Microsoft XNA/XNA Game Sudio/v4.0/References/Windows/x86 y seleccione el archivo DLL Microsoft.Xna.Framework.Xact.dll.

En el método Initialize del mismo archivo, instancie los objetos a través del parámetro que vimos anteriormente:

audioEngine = new AudioEngine(@"Content\\MySounds.xgs");

waveBank = new WaveBank(audioEngine, @"Content\\Sound Bank.xwb");

soundBank = new SoundBank(audioEngine, @"Content\\Sound Bank.xsb");

Vea que la ruta del parámetro de archivo que tenemos aquí y vea que no hay necesidad de indicar si se encuentran en la carpeta o "Win", "Xbox", ya que se determina en tiempo de ejecución, donde el juego está en marcha.

Puede reproducir un sonido de dos maneras: de forma sencilla playback O en loop de ejecución. Una vez que los objetos son instanciados, iniciar la ejecución de los sonidos no tiene más que llamar al método: la PlayCue. Se ejecutará un sonido cada vez que uno de los objetos colisionan entre sí.

En el método Update, busque la condición que determina si los objetos colisionaron o no y déjelo de la siguiente manera:

if mySprite1.detectarColisionCirculo(mySprite2)

{

*mySprite1.velocidad *= -1;*

soundBank.PlayCue("chord");

}

Si hasta ahora se ha seguido todos los pasos y ha entendido todo lo que se dice y se hace, cuando se ejecuta el proyecto será capaz de escuchar un pequeño sonido cuando las bolas colisionan.

Volviendo al proyecto, agregará un sonido loop para que haga de, por ejemplo, la música de fondo del juego. Sin embargo, para ilustrar la forma en que la que XNA controla el audio, se crea un objeto de tipo Cue que le permiten tener un mayor control sobre los sonidos del soundBank habilitando las opciones play, pausar y detener el sonido en cualquier momento.

Justo debajo de la definición de los objetos de audio, añadimos una definición más, como vemos a continuación:

//Objetos de audio

AudioEngine audioEngine;

WaveBank waveBank;

SoundBank soundBank;

Cue myLoopingSound;

De la misma manera como se hizo anteriormente, tenemos que crear una instancia del nuevo objeto y colocarlo para usar. En el método Initialize, agregue el siguiente bloque:

myLoopingSound = soundBank.GetCue("notify");

myLoopingSoung.Play();

En este código, el método Play se utilizó para iniciar la aplicación de sonido notify en el proyecto de sonido. Ya ha definió la propiedad Looping para infinito en el XACT para ese archivo, el sonido será ejecutado y reiniciado hasta el final infinitamente o hasta que usted lo pare.

Los objetos de tipo Cue tienen varios métodos y propiedades que nos permiten tener un mayor control sobre la ejecución de los archivos de sonido. El bloque de código siguiente muestra cómo hacer una pausa y reanudar la ejecución del archivo cuando se pulsa la barra espaciadora durante el juego:

```
// si la barra de espacio es presionada
If (keyBoardState.IsKeyDown(Keys.Space))
{
        // si el sonido está pausado
        If (myLoopingSound.IsPaused)
                //Reanuda
                myLoopingSound.Resume;
        else
                //si no, se pausa
                myLoopingSound.Pause();
}
```

Para XNA, el método Stop es diferente que el de Pausa debido a que el Stop termina la ejecución del archivo cuando este llegua a su fin y no puede ejecutarse de nuevo a menos que el método GetCue lo vuelva a llamar.

Ahora sí, usted ya tiene un bucle de sonido como "música" de fondo para el juego y se puede detener cada vez que el usuario pulse la barra espaciadora. ¿No es genial? Siéntase libre de agregar sonidos diferentes, explorar el XACT y tratar de encontrar la manera de añadir archivos MP3 y luego comprimir los archivos waves.

De acuerdo, ¿qué piensa usted de cómo funciona XNA con sonidos? Fácil, ¿no? Hasta ahora hemos visto algunos matices de XNA y de desarrollar un pequeño proyecto de trabajo que cubre todos los aspectos y conceptos. No es una obra maestra de los videojuegos, pero consuelese pensando en que todos los que trabajan en el desarrollo de los juegos comenzaron con un prototipo de esta manera. Simple como es, el proyecto está lleno de conceptos que veremos a continuación.

Nuestro Primer Juego en 2D

Hasta ahora usted tenía una visión general del funcionamiento de la industria, conoció las principales responsabilidades de cada profesional involucrado en la producción de un juego y aprendido los fundamentos de la programación de juegos para PC y Xbox 360 en la plataforma de Microsoft XNA. Si usted se siente preparado, entonces vamos a empezar, ya que los dos capítulos siguientes le enseñará a aplicar los conceptos aprendidos en un juego 2D de verdad.

La planificación de su primer juego

Hasta ahora ya has conseguido un poco de práctica con la forma en que la funciona el XNA y ya tiene un mínimo conocimiento de cómo trabajar con él. Es hora de ampliar sus horizontes y desarrollar su primer juego. Aunque será simple, le aseguro que va a ser divertido.

El juego que se va a crear aquí se basa en la propuesta de los autores Evangelista, Lobao, Grootjans Farias y el trabajo Comenzando XNA 3.0 Programación de juegos - desde el principiante al profesional.

Aunque sea trivial, cada juego tiene que estar bien planeado. Como se ya hemos en los primeros capítulos, tenesmos que analizar y planificar cada proyecto ya que esto es esencial para que tenga éxito, alcanzar nuestros objetivos y cumplir con nuestras expectativas.

El plan es descubrir qué preguntas deben ser respondidas antes de iniciar el desarrollo del proyecto. Así que imaginen un escenario hipotético para el juego.

Usted es un explorador intergaláctico y se ha quedado atascado en un campo de asteroides. ¿Cuánto tiempo aguantará bajo la lluvia de asteroides? Este será el tema principal del juego, un reto frenético donde tienes que esquivar los obstáculos que se cruzan la pantalla en todo momento.

Ciertamente, este es un concepto muy antiguo a la hora de hacer un juego, pero los jugadores no se cansan de escapar de los asteroides y meteoritos. Cuanto mayor es el tiempo que logra estar sin ser golpeado por cada uno de ellos, más puntos ganará. Además, el número de obstáculos aumenta a medida que pasa el tiempo, por lo cada vez el desafío es más difícil.

Es importante tener en cuenta las reglas del juego y cómo este funciona antes de empezar a desarrollarlo, en este caso ya ha tenido una visión en conjunto de cómo se hará lo siguiente:

El jugador puede moverse libremente por la pantalla sin exceder sus límites;

- Los asteroides aparecerán a partir de la parte superior de la pantalla y se moverán hacia abajo con un ángulo y velocidad aleatoria. Después de algún tiempo, se añadirá un nuevo asteroide a la tormenta;

- La puntuación se determina por el número de asteroides en la pantalla;

- Si el jugador choca con un asteroide, su puntuación será cero y el juego se reiniciará con la cantidad inicial de asteroides.

Detalles como la cantidad inicial de asteroides, y cuánto tiempo tarda otro asteroide en aparecer en la pantalla no se especifica, ya que son parámetros del juego, no reglas.

Para que se haga una idea de lo que vamos a trabajar en estos dos capítulos, el juego será exactamente igual a la imagen de abajo.

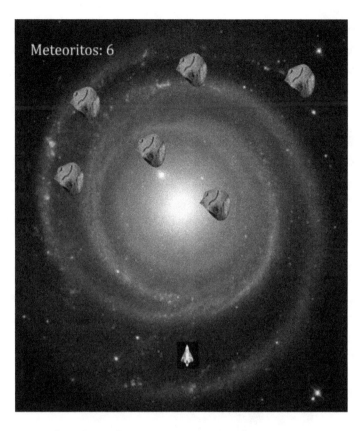

El punto de vista de un programador

Para un programador de juegos, cosas como la nave espacial, los asteroides y la puntuacion son objetos en el juego, un objeto con instancias de una clase. Usted, como buen programador, deberá detallar estos objetos antes de empezar a programar.

Cada objeto del juego tiene sus propias características y comportamientos. Los asteroides que "caen" de la pantalla, el jugador que controla una nave espacial, los aumentos de puntuación de acuerdo con el recuento de los asteroides, etc. Ajustar el correcto comportamiento de los objetos en un juego es una de las tareas más difíciles durante el desarrollo, por ello es importante tener en mente un juego bien definido y planificado.

Usted todavía tiene que pensar en los efectos de sonido que se utilizarán. Para este proyecto necesitará tres sonidos: la música de fondo que se reproducirá mientras el juego está en marcha, el sonido se reproducirá cuando se añade un nuevo asteroide a la tormenta y otro con la explosión cuando hay colisión entre la nave y el asteroide.

Inicio y preparación del proyecto

Como se ha visto en capítulos anteriores, abra el Visual C# 2010Express y creee un nuevo proyecto XNA juegos de Windows. Asigne un nada sugerente nombre para este juego: Asteroides. Al crear el proyecto, su Explorador de soluciones debe ser lo mismo que la imagen de abajo:

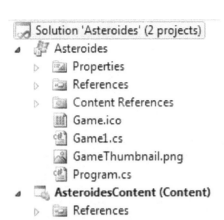

Hemos observado anteriormente que la carpeta Contenido es especial en los proyectos de XNA. En él podrás colocar todos los elementos del contenido del juego, como imágenes, sonidos y todo lo que se carga en el Gestor de contenido.

Para facilitar el trabajo, puede ir probando a buscar material para ir haciendo este juego buscando imágenes y sonidos, por ejemplo en el buscador de Creative Commons, con la dirección http://search.creativecommons.com, aquí encontrará mucho material con licencias libres para su uso personal y algunos incluso comercial.

Diseñando el fondo

Para comenzar a desarrollar el juego, debe agregar una imagen de fondo al mismo. Si el juego tiene lugar en el espacio, nada mejor que el tema de una galaxia. Agregue una imagen que se parezca a una galaxia y llame al archivo SpaceBackground.dds agrégela a la carpeta Contenido.

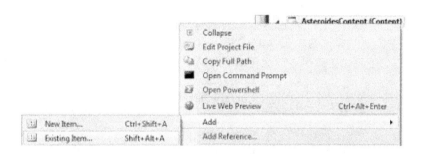

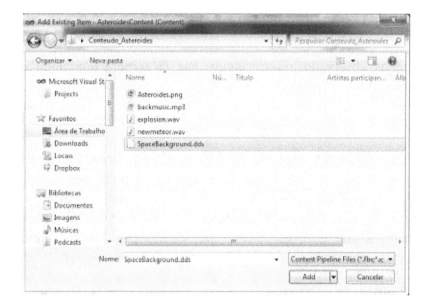

Ahora que la textura está en la carpeta Contenido del proyecto, usted necesitará cargarlo en la aplicación para que esta pueda rellenarse en la pantalla del juego. Defina esa textura en el código de la clase Game1 del archivo Game1.cs:

// Textura del fondo

private Texture2D BackgroundTexture;

Como aprendió en capítulos anteriores, ahora debería mostrarse la textura e inicializar el objeto SpriteBatch del método LoadContent:

// Crea un nuevo SpriteBatch, que se puede utilizar para dibujar texturas

SpriteBatch = new SpriteBatch (GraphicsDevice);

// Cargar todas las texturas

Content.Load<Texture2D>("SpaceBackground");

Ahora sí, el fondo ya se puede cargar. Para ello sólo tiene que añadir el siguiente código en el método Draw de la clase Game1:

// Dibujar la textura del fondo

spriteBatch.Begin ();

SpriteBatch.Draw (backgroundTexture, new Rectangle (0, 0,

graphics.GraphicsDevice.DisplayMode.Width,

graphics.GraphicsDevice.DisplayMode.Height)

Color.LightGray);

spriteBatch.End ();

Ejecute el juego pulsando F5. Si todo es correcto, aparecerá la siguiente pantalla (con el dibujo que usted haya puesto):

Creación de los componentes del juego

El jugador está representado por una pequeña nave espacial cuyo control se realiza mediante el teclado del ordenador. Vaya al buscador de que le indicamos anteriormente y busque alguna imagen para representar una nave especial con asteroides y nombre a esta imagen como Asteroides.png. Añádala al proyecto de la misma manera que lo hizo con el archivo anterior. Tenga en cuenta que este archivo contiene tanto la nave como los asteroides que el jugador debe esquivar.

De la misma manera de como hizo con la textura del fondo, declare esta nueva textura en la clase Game1:

// La textura de los asteroides

private Texture2D AsteroidesTextura;

Luego cárguela en el método LoadContent inmediatamente después de la textura del fondo:

asteroidesTextura = Content.Load <Texture2D> ("Asteroids");

Ahora cree una nueva clase que representará al jugador nave espacial. Añade otro GameComponent al proyecto y asígnele el nombre Ship.cs. El nuevo archivo incluye una clase derivada GameComponent. Este componente de juego debe permanecer visible, por lo que necesita ser dibujado.

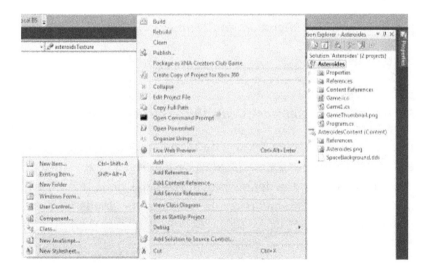

Para insertar este elemento en el juego, primero es necesario determinar que se deriva de DrawableGameComponent en lugar de GameComponent.

Cambie la configuración de la clase:

public class Ship : Microsoft.Xna.Framework.GameComponent

en lugar de:

public class Ship : Microsoft.Xna.Framework.DrawableGameComponent

El componente copia la textura de la región que contiene la nave espacial, es decir, un área específica de la imagen. Para conseguir hacer esto, tendrá que definir las coordenadas de la textura en la imagen y las coordenadas en la pantalla de donde esta será diseñada.

Nuestro elemento todavía tiene que avanzar de acuerdo a las órdenes recibidas por el teclado de la computadora, y permanecer dentro de la pantalla, es decir, la nave no puede desaparecer de la región de la ventana del juego.

Por lo tanto, hay dos cosas muy bien definidos hasta el momento:

En el método Draw debe señalar la parte de la imagen de la nave espacial en la pantalla;

En Update necesitamos actualizar la posición de la nave espacial de acuerdo a los comandos del teclado.

A continuación se muestra el código completo para esta clase:

```
using System;

using System.Collections.Generic;

using Microsoft.Xna.Framework;

using Microsoft.Xna.Framework.Graphics;

using Microsoft.Xna.Framework.Input;


namespace Asteroides


    /// Se trata de un componente de juego que implementa al jugador nave espacial
```

```
public class Ship :
Microsoft.Xna.Framework.DrawableGameComponent

    {

        protected Texture2D textura;

        protected Rectangle spriteRectangulo;

        protected Vector2 posicion;

        protected SpriteBatch sBatch;


        // Anchura y la altura de sprites en la textura

        protected const int anchoNave = 30;

        protected const int alturaNave = 30;


        // Área de la pantalla

        protected Rectángulo limitePantalla;


        public Nave (Game, re Texture2D aTextura): base(Juego)

        {

            Textura = aTextura;
```

```
        posición = new Vector2 ();


        // Obtener el SpriteBatch actual

        sBatch = (SpriteBatch) Game.Services.GetService
(typeof(SpriteBatch));


        // Crear el rectángulo de origen

        // Aquí es donde se encuentra el sprite

        spriteRectangulo = new Rectangle (31, 83, anchoNave,
alturaNave);


        // Establece el límite de la pantalla del juego

        limitePantalla = new Rectangle (0, 0,

            Game.Window.ClientBounds.Width,

            Game.Window.ClientBounds.Height);
    }


    /// Poner la nave en la posición de salida en la pantalla

    public void PutinStartPosition ()
```

```
{
    posicion.X = limitePantalla.Width / 2;

    posicion.Y = limitePantalla.Height - alturaNave;


    base. Initialize ();
}


/ / / Actualiza la posición de la nave espacial
public override void Update (gametime GameTime)
{
    / / Mueve la nave de acuerdo con la entrada de teclado
    Teclado KeyboardState Keyboard.GetState = ();


    if (Teclado.IsKeyDown (Keys.Up))
        posicion.Y - = 3;


    if (Teclado.IsKeyDown (Keys.Down))
        posicion.Y + = 3;
```

```
if (Teclado.IsKeyDown (Keys.Left))

    posicion.X - = 3;


if (Teclado.IsKeyDown (Keys.Right))

    posicion.X + = 3;


// Almacena el estado dentro de los límites de la
pantalla

if (Posicion.X <limitePantalla.Left)

    posicion.X = limitePantalla.Left;


if (Posicion.X> limitePantalla.Width - anchoNave)

    posicion.X = limitePantalla.Width - anchoNave;


if (Posicion.Y <limitePantalla.Top)

    posicion.Y = limitePantalla.Top;


if (Posicion.Y> limitePantalla.Height - anchoNave)
```

```
        posicion.Y = limitePantalla.Height - alturaNave;


    base. Update (GameTime);
}


/ / / Dibuja el sprite de la nave espacial


public override void Draw (gametime GameTime)
{
    / / Obtener el SpriteBatch actual
    SpriteBatch sBatch = (SpriteBatch)
Game.Services.GetService (typeof(SpriteBatch));


    / / Dibujar la nave espacial
    sBatch.Draw (textura, posicion, spriteRectangulo,
Color.White);


    base. Draw (GameTime);
}
```

```
/ / / Obtener los límites del rectángulo de la posición de la
nave en la pantalla

/ / / <returns> </ Devoluciones>

public GetBounds Rectangle ()

{

    return new Rectangulo ((int) Posicion.X (int) Posicion.Y,
anchoNave, alturaNave);

}

}

}
```

Tenga en cuenta que el método Draw no crea un nuevo
SpriteBatch tal como cuando se ha extraído la textura del fondo.
De hecho, lo ideal es que no añade y destruye estos objetos con
frecuencia, ya que perjudicaría el rendimiento del juego. Lo
correcto es la creación de un objeto global que se utilizará en toda
la aplicación. El XNA, sin embargo, ofrece una solución más
inteligente permitiendo la reutilización de un objeto que no es
global: el servicio de juego.

Usted puede pensar en él como una disposición para todo lo
relacionado con el servicio del juego. La idea que hay detrás de
esto es que el componente depende de ciertos tipos o servicios,
que hacen que funcione. Si este servicio no está disponible no va a

funcionar bien. En este caso, el método Draw busca un SpriteBatch activo directamente en la colección de GameServices.

Sabiendo esto, agregue el siguiente código justo después de la creación de SpriteBatch en el método LoadContent de la clase Game1:

// Añade el servicio SpriteBatch

Services.AddService (typeof(SpriteBatch), SpriteBatch);

Todos los GameComponents que se definen en su juego utilizará esta SpriteBatch.

Explicado el GameService, ahora es el momento de ver la clase Nave que se acaba de crear. El método Update controla la entrada del teclado para actualizar el atributo Posicion y cambia la posición de la nave en la pantalla. Allí también comprueba si la nave se encuentra dentro de los límites de la pantalla/ventana.

El método GetBound sólo devuelve los límites del rectángulo del sprite de la nave. Esto se usará más adelante en el próximo capítulo.

Por último, PutinStartPosition coloca la nave en la posición inicial, centrado horizontalmente en la parte inferior de la pantalla de inicio. Este método se activa cuando se necesita dejar la nave en su posición inicial, por ejemplo, en el comienzo de una nueva partida (round).

Ahora pruebe este GameComponent. Cree el método Start en la clase Game1. Se utiliza para inicializar los objetos del juego (sólo el jugador, por ahora), como en el código siguiente:

```
/// Inicializar la partida

private void Start ()

{

    // Crear (si es necesario) y pone a los jugadores en la
    posición de partida

    if (Player == null)

    {

        // Agrega el reproductor de componente

        Player = new Nave (this,ref asteroidesTextura);

        Components.Add (player);

    }


    player.PutinStartPosition ();

}
```

No se olvide de declarar el atributo player utilizando este método en la clase Game1:

// Objeto de la nave del jugador

private Nave Player;

Ahora, de vuelta a la lógica del juego, por lo general desarrollado en Update, para iniciar la partida si todavía no la ha comenzado. Agregue el siguiente código en este método:

// Comienza el jugador no está ya inicializado

if (Player == null)

   Start ();

Por último, sólo queda un detalle por hacer. El método Draw de su juego sólo está atrayendo el fondo. Hagámoslo para rastrear todo el GameComponent del proyecto.

Agregue el código siguiente inmediatamente después del plano del fondo.

// Inicia la renderización de sprites

spriteBatch.Begin (SpriteSortMode.Deferred, BlendState.AlphaBlend);

// Dibuja los gamecomponents (sprites incluidos)

base.Draw (GameTime);

//finaliza la renderización de sprites

spriteBatch.End ();

Ahora sí, se puede guardar el proyecto y ejecutarlo. Mueva la nave espacial en la pantalla con las teclas de flecha. Tenga en cuenta que toda la lógica es manejado por la nave del propio componente que ha creado, a pesar de que XNA desencadena el método de actualización automática a través de base.Update de la clase Game1.

Ahora vamos a poner los asteroides para que aparezcan también. Este capítulo contiene suficiente información para que usted pueda pensar y estudiar más opciones de movimientos para este juego y otros elementos a mayores.

Tal vez usted no lo ha notado, pero ya está trabajando en su primer juego en 2D: "Asteroides". Hicimos el diseño, preparamos el fondo y creamos el componente que representa la nave espacial controlada por el jugador. El siguiente capítulo te enseñará cómo crear el componente responsable de los asteroides y de cómo construir la lógica del juego en su conjunto. Sea inteligente y siga adelante.

Lluvia de Asteroides

En último capítulo finalmente comenzó el desarrollo de su primer juego en XNA. Todo a pesar de que no es una obra maestra de la actual generación de juegos, pero cumple exactamente su función:

aplicar y corregir todos los conceptos y conocimientos adquiridos en los primeros capítulos de este libro. Y además, por supuesto, para desarrollar un juego simple y reproducible. En el siguiente capítulo se incluyen los asteroides que dan nombre al juego y se desarrollará su lógica.

Creación de asteroides

El último capítulo fue finalizado con el juego funcionando parcialmente: tiene un escenario intergaláctico y una nave que controlar en el espacio sideral. Pero como el nombre del juego indica, "Asteroides" necesita tener algunos asteroides para añadir emoción al asunto y poder así dificultar su viaje por el espacio sideral.

Los conceptos que se utilizan para crear la nave espacial en el capítulo anterior son los mismos que se utilizan para crear los asteroides. La única diferencia es que la posición inicial del asteroide y el movimiento de estos dependen de un factor aleatorio.

Para ello creamos una nueva clase en el proyecto, de igual manera en la que fue hecha la clase de la nave, a esta le daremos el nombre de "Asteroide" y le agregaremos el siguiente código:

using System;

using System.Collections.Generic;

```csharp
using Microsoft.Xna.Framework;

using Microsoft.Xna.Framework.Content;

using Microsoft.Xna.Framework.Graphics;


namespace Asteroides{


    /// <summary>

    /// Se trata de un componente de juego que implementa los
asteroides que el jugador debe evitar

    /// </ Summary>


    public class Asteroide :
Microsoft.Xna.Framework.DrawableGameComponent

    {

        protected Texture2D textura;

        protected Rectangle spriteRectangulo;

        protected Vector2 posicion;

        protected int Yvelocidad;

        protected int Xvelocidad;
```

```csharp
protected Random random;


// Crea el rectángulo

// Esto representa que la imagen del sprite está en la pantalla


spriteRectangulo = new Rectangle(20, 16, AnchuraAsteroide, AlturaAsteroide);


// Inicializa el generador de números aleatorios
// y pone el asteroide en la posición inicial


random = new Random(this.GetHashCode());
ColocarEnLaPosicionInicial();


/// Inicializar la posición y velocidad del asteroide


protected void ColocarEnLaPosicionInicial()
{
```

```
    posicion.X =
random.Next(Game.Window.ClientBounds.Width -
AnchuraAsteroide);

    posicion.Y = 0;

    Yvelocidad = 1 + random.Next(9);

    Xvelocidad = random.Next(3) - 1;

}


/ / / Permite al componente Draw del juego dibujar en la
pantalla


public override void Draw(GameTime gameTime)

{

    //Captura el spritebatch actual


    SpriteBatch sBatch =
(SpriteBatch)Game.Services.GetService(typeof(SpriteBatch));


    //dibuja el asteroide
```

```
        sBatch.Draw(textura, posicion, spriteRectangulo,
Color.White);


        base.Draw(gameTime);

    }


        /// Permite que o componente do jogo atualize a si próprio


        public override void Update(GameTime gameTime)

        {

        //comprueba si el asteroide aún está visible en el espacio
de la pantalla


        if ((posicion.Y >= Game.Window.ClientBounds.Height) ||

        (posicion.X >= Game.Window.ClientBounds.Width) ||

        (posicion.X <= 0))

        {

        ColocarEnLaPosicionInicial();

        }
```

```csharp
        //Mueve el asteroide

        posicion.Y += Yvelocidad;

        posicion.X += Xvelocidad;

        base.Update(gameTime);
    }

    /// Comprueba si el asteroide colisiona con el rectangulo
especificado)

    public bool ComprobarColision(Rectangle rect)
    {
    Rectangle rectanguloSprite = new
Rectangle((int)posicion.X, (int)posicion.Y,

        AnchuraAsteroide, AlturaAsteroide);

        //Dese cuenta del uso de la función Intersects que ya
hace todo el trabajo por usted
```

return rectanguloSprite.Intersects(rect);

    }

  }

}

En el método ColocarEnLaPosicionInicial el asteroide se pone en una posición horizontal al azar en la parte superior de la pantalla, y obtiene la velocidad de desplazamiento horizontal y vertical del asteroide, que cambia en cada llamada al método Update de la clase.

El método ComprobarColision comprueba si el rectángulo que encierra el meteorito se cruza con el rectángulo que se pasa como parámetro. Este último rectángulo es el parámetro que define la posición en la pantalla de la nave del jugador.

Ahora vamos a poner los asteroides en la pantalla. Agregue el código siguiente en el método Start en clase Game1:

// Añade los asteroides

for (int i = 0, i <ContadorInicialAsteroides, i + +)

{

  Components.Add (new Asteroide (this,ref asteroidesTextura));

}

La constante ContadorInicialAsteroides define el número inicial de asteroides que aparecerán en el juego. Declare esta constante en la clase Game1 de la siguiente manera:

private const int ContadorInicialAsteroides = 10;

Guarde el proyecto y ejecútelo presionando F5. Ahora verá que el juego está cobrando vida y que ya tenemos una hermosa lluvia de asteroides. Tenga en cuenta que cada asteroide se comporta de forma independiente, de la misma manera que la nave espacial.

Codificación de la lógica del juego

"Asteroides" está casi listo. La nave ya controla las N esquinas del universo y un sin fin de asteroides ponen nuestra habilidad de piloto a prueba. Ahora bien, es necesario hacer que estos componentes trabajen juntos, es decir, cuando el jugador de la nave espacial colisione con un asteroide, el juego volverá a comenzar.

Del mismo modo que hay un método Start que inicializa todos los componentes del juego, nosotros haremos un método llamado LogicaJuego que ejecutará la lógica del juego. En esta etapa de desarrollo, este método sólo recorrerá los componentes del juego y comprobará si algún asteroide chocó con el jugador de la nave espacial. Si se produce una colisión, el asteroide debe ser eliminado del juego para ser recreado en el reinicio del juego.

```
/// Ejecuta la lógica del juego

private void LogicaJuego()

{

  //Comprobamos si hay colisiones

  bool hayColision = false;

  Rectangle rectanguloNave = player.GetBounds();

  foreach (GameComponent gc in Components)

  {

    if (gc is Asteroide)

    {
```

```csharp
        hayColision =
((Asteroide)gc).ComprobarColision(rectanguloNave);


        if (hayColision)
        {
            //Elimina todos los asteroides anteriores


            EliminarTodosAsteroides();
            //Reinicia el juego
            Start();
            break;
        }
    }
  }
}
// Elimina todos los asteroides del juego
private void EliminarTodosAsteroides()
{
    for (int i = 0; i < Components.Count; i++)
```

```
{

    //Comprueba si el componente es un asteroide

    if (Components[i] is Asteroide)

    {

        //Elimina el asteroide

        Components.RemoveAt(i);

        i--;

    }

  }

}
```

Usted debe llamar al método LogicaJuego dentro del método Update de la clase Game1 inmediatamente antes de la línea que llama a la acción base.Update (gametime). La invocación del método en este punto hará que la lógica sea ejecutar en cada bucle.

Ahora intente ejecutar el juego para ver que hace su nave espacial cuando choca con un asteroide. El programa colocará todos los objetos en su posición inicial, y continuará el bucle hasta que el usuario cierre la ventana.

Todo muy bonito, pero todavía tenemos que añadir algún más reto al juego. Aumentar la cantidad de asteroides en la pantalla a medida que pasa el tiempo parece bastante razonable, ¿no?, como los asteroides se comportan de forma independiente, sólo tienen que añadir un nuevo componente de juego que representa el asteroide.

Para ello, escriba el método ComprobarNuevoAsteroide como sigue y haga la llamada dentro de LogicaJuego después del bucle foreach.

/ / / Comprueba si es el momento de dejar caer otro asteroide

private void ComprobarNuevoAsteroide ()

{

/ / Añade un asteroide en cada TempoAdicionarAsteroide

if ((System.Environment.TickCount - lastTickCount)>
TiempoAnadirAsteroide)

{

lastTickCount = System.Environment.TickCount;

Components.Add (new Asteroide (new,ref
asteroidesTextura));

asteroideCount + +;

}

}

La variable TiempoAnadirAsteroide es una constante que representa el intervalo, en milisegundos, en el que un nuevo asteroide se debe agregar al juego. Deberá declararla en la clase Game1 de la siguiente manera:

private const int TiempoAnadirAsteroide = 5,000;

// Crea un nuevo asteroide, una vez cada 5 segundos

Este será el número mágico que define que cada 5 segundos un nuevo asteroide deberá aparecer en la pantalla. Dese cuenta de que usted puede modificarlo para que este intervalo sea mayor o menor.

Dos nuevos atributos son los que almacenarán la cantidad de asteroides añadidos (asteroideCount) y el tiempo para calcular el intervalo deseado (lastTickCount). Los declaramos de la siguiente manera:

private const int TiempoAnadir Asteroide = 5,000;

// Crea un nuevo asteroide, una vez cada 5 segundos

private int lastTickCount;

private int asteroideCount;

Ahora debe inicializar estos atributos en el método Start. Agregue el código siguiente al método:

// Inicializar el contador

lastTickCount = System.Environment.TickCount;

// Inicializar el contador de asteroides

asteroideCount = TiempoAnadirAsteroide;

Por lo tanto, cada 5 segundos se añadirá un nuevo asteroide al juego.

Ejecute el proyecto y verá que sus "Asteroides" están trabajando y que están jugando. Y los asteroides siguen llegando, esta vez, cada 5 segundos.

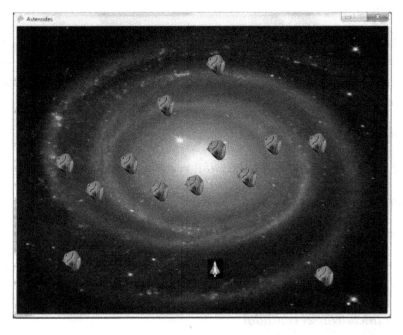

Mira cómo ya se hemos avanzado en el juego. Ahora ya tiene algo mínimamente divertido y desafiante. La pequeña nave se encuentra atrapada en una interminable lluvia de asteroides.

Finalmente ha creado los asteroides y añadió algo de código a la lógica del juego.

A pesar de la sensación de éxito, todavía podemos hacer algo más para este juego. ¿Cómo podemos saber con exactitud cuántos asteroides hay en la pantalla? ¿Y la puntuación del jugador? y ¿donde están los sonidos de nuestro juego?

Calma, joven desarrollador, en el siguiente capítulo veremos como agregar estos efectos, pero mientras, vaya pensando en que más cosas podríamos ir agregando a nuesro juego.

Añadir efectos sonoros y puntuaciones

En los capítulos anteriores le enseñamos a desarrollar un proyecto simple de juego para aplicar todos los conocimientos adquiridos en los primeros capítulos. El proyecto de juego, llamado "Asteroides", consiste en una nave intergaláctica que se encuentra en medio a una lluvia de asteroides. Para pasar por esa lluvia, esta debe esquivar todos los asteroides, algo semejante al clásico Space Invaders.

Hasta aquí, el proyecto ya es encuentra jugable. Pero sería bueno controlar la nave por toda la pantalla y, a medida que va pasando el tiempo, que nuevos asteroides vayan apareciendo en la pantalla. Inclusive fue eso lo que hicimos en el último capítulo. Sin embargo, el juego aún no presenta dos cosas esenciales de los juegos de hoy día: audio y puntuaciones.

Añadir sonidos y efectos sonoros

Usted ya sabe que añadir sonidos y efectos sonoros es fácil y simple en un juego hecho con XNA. "Asteroides" utilizará sólo dos archivos WAV para los efectos sonoros y un archivo Mp3 para la música de fondo del juego.

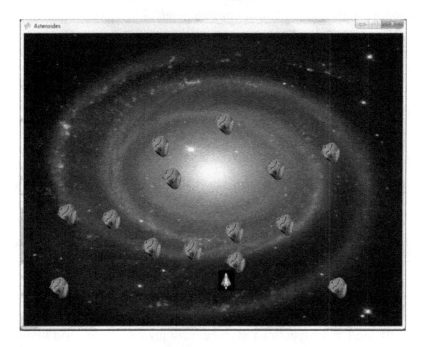

Busque en Internet, en páginas web con licencia GNU, Creative Commons, MIT Licence o cualquier otro tipo de licencia del tipo Copyleft para uso personal y adquiera tres sonidos para poder realizar los siguientes pasos:

- **Explosion.wav**: es un sonido de explosión que será tocado cuando el jugador colisione con un asteroide.

- **NuevoAsteroide.wav**: sonará cuando un nuevo asteroide sea añadido a la pantalla del juego.

- **MusicaFondo.mp3**: será la música de fondo del juego.

Antes de nada, declare los objetos de sonido en la clase Game1 del proyecto:

//Objetos de sonido

private SoundEffect explosion;

private SoundEffect nuevoAsteroide;

private Song musicaFondo;

Antes de inicializar los objetos, añada los archivos de sonidos en el content pipeline del proyecto. Eso puede hacerlo clicando con el botón derecho en la carpeta Contenido en el Explorador de Soluciones y seleccionando la opción Add Existing Item. Busque los archivos que ha descargado y añádalos:

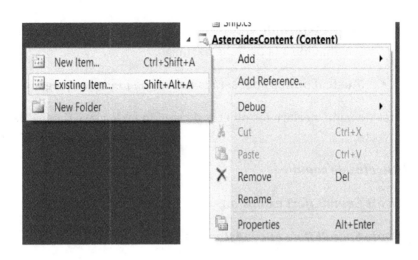

Con los archivos debidamente añadidos al proyecto, inicialize los objetos creados en el primer paso. Para eso, añada el siguiente bloque de código en el método LoadContent():

//Inicializar los elementos de audio

explosion = Content.Load<SoundEffect>("explosion");

nuevoAsteroide =
Content.Load<SoundEffect>("nuevoAsteroide");

musicaFondo = Content.Load<Song>("musicaFondo");

Para hacer que se inicie la música de fondo del juego, añada la siguiente línea de código inmediatamente después de la inicialización de los objetos en LoadContent():

//Inicia la música de fondo

MediaPlayer.Play(musicaFondo);

En el método LogicaJuego, añada el siguiente bloque de código dentro de la comprobación condicional que dice si hubo colisión o no, así el sonido de la explosión será tocado cuando haya una:

//Si hubiera colisión, entonces el sonido de explosión es tocado

explosion.Play();

Finalmente, en el método ComprobarNuevoAsteroide, añada el bloque de código de a continuación inmediatamente después de la línea que contiene asteroideCount++:

nuevoAsteroide.Play();

Eso hará con que el sonido sea tocado cada vez que un nuevo asteroide aparezca en la pantalla. Ahora, ejecute el juego presionando F5 y vea que, sin dificultades, añadimos sonidos a nuestro juego y ahora este ya parece más emocionante.

Añadir puntuación al juego

A pesar de que el juego ya posee sonidos y una buena música sonando de fondo mientras su nave desafía a una frenéticamente lluvia de asteroides, este aún no posee un resultado que marque la puntuación del jugador. Para los fines didácticos propuestos por el proyecto, este resultado será simple y sólo mostrará la cantidad actual de asteroides que están en la pantalla.

Para lograr esto, utilizaremos el objeto SpriteFont que nos permite escribir y dibujar en la pantalla del juego. Declare el objeto en la clase Game1 inmediatamente después de la declaración de los objetos de los sonidos:

//Declaración del spritefont para el resultado

private SpriteFont gameFuente;

En el método LoadContent, inicialice el objeto creado después de la inicialización de los sonidos del juego.

//Inicializa la fuente del juego

gameFuente = Content.Load<SpriteFont>("font");

Perciba que no existe ningún archivo font en la carpeta Content del proyecto. Eso es porque las fuentes en un proyecto XNA son tratadas como un GameComponent y es necesario añadirlas clicando con el botón derecho en la carpeta Content, seleccionando Add NewItem. En la ventana que se abre, seleccione Sprite Font:

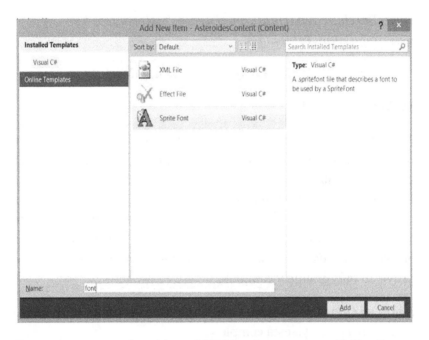

En cuanto se crea el archivo, el XNA lo abre para su edición. En ese archivo podrá expecificar que familia de la fuente desea utilizar, su tamaño y otras propiedades en un lenguaje de marcación semejante al XML. Investigue un poco hasta que dea con el formato que más le guste.

El resultado es un típico GameComponent, para ello vamos a dibujarlo directamente en el método Draw. Usted puede añadirlo inmediatamente después de dibujar los sprites del juego con el siguiente código:

//Dibuja el resultado

spriteBatch.Begin();

spriteBatch.DrawString(gameFuente, "Asteroides: " + asteroideCount.ToString(),

      new Vector2(15, 15), Color.GreenYellow);

spriteBatch.End();

Note que los objetos spriteBatch fueron utilizados separadamente para dibujar el resultado. De esa forma nosotros "modularizamos" el dibujo del juego en el plano de fondo, sprites y puntuaciones. Esta es una técnica utilizada para que la placa de vídeo pueda tratarlos como procesos independientes y separados a fin de evitar alguna confusión en la renderización de los objetos cuando el proyecto vaya aumentando en tamaño y se convierta en un proyecto más grande y completo.

Ahora ejecute el juego y note que este posee un marcador y, ahora ya, nuestro juego ya está completo.

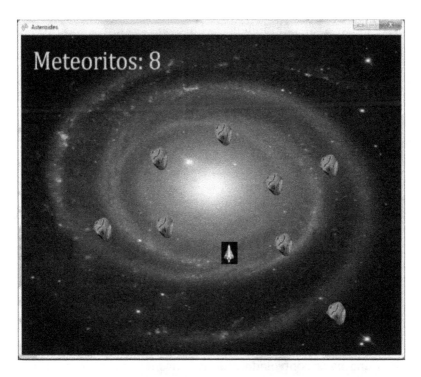

A lo largo de este libro le hemos enseñado lo básico para que pueda crear un juego básico en 2D utilizando XNA. Planeamos un juego pequeño y vimos los elementos que los desarrolladores y diseñadores de juegos deberían de tener en mente antes de comenzar a escribir cualquier línea de código a la hora de hacer un juego en realidad.

También hemos aprendido como utilizar los componentes de juego del XNA y a crear una lógica, modificando y probando el estado de esos componentes dentro del loop del juego. Aprendimos que podemos implementar sprites simples utilizando los objetos GameComponent y aprovechamos las ventajas de todas las clases que el XNA ofrece.

Finalmente hemos comprobado lo fácil que es trabajar con sonidos en el XNA. No necesitamos ninguna herramienta adicional para manipular y/o compilar el audio, todo fue hecho en tiempo de ejecución por el XNA Framework. Nuestra única preocupación fue hallar una buena música de fondo y unos buenos efectos sonoros.

Este capítulo marca el fin de una serie de capítulos que le hemos dedicado al desarrollo de juegos con XNA. Usted acaba de terminar su primer juego. Fue rápido, y bastante sencillo, no? Ahora que usted está familiarizado con los componentes esenciales en el desarrollo de un juego 2D, tenemos un desafío para proponerle a usted.

Nuestra pobre nave intergaláctica sólo esquiva los asteroides. Como una nave controladora de galaxias, esa nave debería tener un cañón que dispare rayos láser. ¿Que le parece intentar desarrollar esa nueva funcionalidad para el juego? Al alcanzar un asteroide, este sería destruido y un sonido de destrucción sería tocado. Si usted consigue desarrollar esa nueva función, no le será difícil modificar el tipo de resultado del juego. En vez de contar la cantidad de asteroides en la pantalla, planee un resultado que le dé una puntuación basada en la cantidad de asteroides destruidos por la nave.

CONCLUSIONES FINALES

El desarrollo de Videojuegos es algo que a la gran mayoría de nosotros siempre hemos soñado con poder hacer algún día. Afortunadamente, con los avances tecnológicos, la posibilidad está más cerca y es más real que nunca, ya que si usted pretende hacer una gran producción, pues al igual que en el cine, necesitará de un gran presupuesto y de numerosos especialistas para poder llevar a cabo del proyecto.

Pero gracias a Microsoft y a la tecnología XNA, tenemos en nuestras manos una tecnología potente y gratuita con la que con esfuerzo, se pueden lograr juegos extraordinarios, tanto para jugar a nivel particular como si usted tiene pensado comercializarlos e iniciarse en una carrera profesional dentro del mundo del desarrollo de videojuegos.

Espero que con este libro le haya despertado la curiosidad en el desarrollo con XNA y este mismo juego que hemos empezado a realizar, usted tenga la curiosidad de ir añadiendo elementos al juego tales como disparos, pasar de niveles, desafios finales en cada nivel, o ¿Qué le parece aprovechar lo realizado hasta ahora y sustituirlo por un juego de coches que va esquivando obstáculos? Ahora depende de usted y de su curiosidad y ganas el lograr el éxito, lo que le lleve a realizar auténticas obras de arte.

Estoy seguro de que usted lo conseguirá.

Referencia Bibliográfica

Para la realización de este libro se han leído, consultado, contrastado, traducido e interpretado información en las siguientes fuentes de información:

Libros

- Professional XNA Programming: Building Games for Xbox 360 and Windows with XNA Game Studio 2.0 *de Benjamin Nitschke*

- Learning XNA 4.0: Game Development for the PC, Xbox 360, and Windows Phone 7 *de Aarón Reed*

- Fundamentos de Programación *de Patricia González R*

- XNA Game Studio Express: Developing Games for Windows and the Xbox 360 *de Joseph B Hall*

Páginas Web

http://www.xnadevelopers.com

http://xboxblast.com.br, el artículo GameDev de Sérgio Oliveira

http://xnacreators.com

http://microsoft.com

Acerca del Autor

Ángel Arias

Ángel Arias es un consultor informático con más de 12 años de experiencia en sector informático. Con experiencia en trabajos de consultoría, seguridad en sistemas informáticos y en implementación de software empresarial, en grandes empresas nacionales y multinacionales, Ángel se decantó por el ámbito de la formación online, y ahora combina su trabajo como consultor informático, con el papel de profesor online y autor de numerosos cursos online de informática y otras materias.

Ahora Ángel Arias, también comienza su andadura en el mundo de la literatura sobre la temática de la informática, donde, con mucho empeño, tratará de difundir sus conocimientos para que otros profesionales puedan crecer y mejorar profesional y laboralmente.

www.ingramcontent.com/pod-product-compliance
Lightning Source LLC
Chambersburg PA
CBHW071423050326
40689CB00010B/1961